Martin Berke | Nina Fandler

111 Orte für Kinder in und um Düsseldorf, die man gesehen haben muss

111

emons:

Bibliographische Informationen der Deutschen Nationalbibliothek
Die Deutsche Nationalbibliothek verzeichnet diese Publikation in der Deutschen Nationalbibliografie; detaillierte bibliografische Daten sind im Internet über http://dnb.d-nb.e abrufbar.

MIX
Papier aus verantwortungsvollen Quellen
FSC® C043106
FSC
www.fsc.org

© der Fotografien: Nina Fandler und Martin Berke,
außer: Ort 58: Gèsine Kikol; Ort 89: Ivo Faber
© Covermotiv: shutterstock.com/Zyankarlo; Vankad; saiko3p; Macrovector; matthi
Layout: Editorial Design & Artdirection, Conny Laue, Bochum,
nach einem Konzept von Lübbeke | Naumann | Thoben und Nina Schäfer
Kartografie: altancicek.design, www.altancicek.de
Kartenbasisinformationen aus Openstreetmap,
© OpenStreetMap-Mitwirkende, ODbL
Druck und Bindung: Grafisches Centrum Cuno, Calbe
Printed in Germany 2021
ISBN 978-3-7408-0972-0
Originalausgabe

VORWORT

Ja, wir haben es getan: Wir aßen 18-karätiges Blattgold, schlichen durch den Geheimgang hoch oben in der Kuppel des Schlosses, während unten im Ballsaal die kleine Prinzessin vom rauschenden Tanzfest träumte. Wir suchten in den düsteren Tiefen der Kanalisation nach Kröten, in der steilen Wand aus Nordseesand nach Fossilien. Wir sahen 50 uralte Autos, vom Wald überwuchert, stiegen hinab in den Blutkeller und erklommen den Berg, den Kaiser Napoleon in die Landschaft setzte, sodass Kinder hier heute rodeln können. All das haben wir getan und noch etliches mehr. Ja, für uns war Düsseldorf ein wahres Kinderspiel!

Denn unsere lauschige Rhein-Metropole bietet jede Menge Attraktionen, die speziell auf Kinderbedürfnisse ausgerichtet sind. Außerdem ist das städtische Leben reich an Dingen, die Kindern ungeheuren Spaß bereiten, obwohl sie eigentlich für ganz andere Zwecke erdacht wurden. Und nicht zu vergessen: Auch unsere Nachbarstädte haben vieles zu bieten, was dem Nachwuchs Freude macht.

Im Folgenden nun jene 111 Orte, die uns am meisten überzeugt haben. Auf viele von ihnen wurden wir von Freunden hingewiesen, ohne deren Mitwirkung dieses Buch unmöglich gewesen wäre. Gleichermaßen großartig war die engagierte Hilfe, die uns vielerorts zuteilwurde und die mitunter weit über das übliche Maß hinausging.

Wir widmen das Buch unseren Kindern und hoffen, dass deren Altersgenossen ähnlich viel Spaß haben werden wie sie.

Nina Fandler
Martin Berke

111 ORTE

EGA

1_ DER ABENTEUERSPIELPLATZ

Hier spielt sich das wahre Leben ab

Das Konzept des Abenteuerspielplatzes ist schon genial: Normalerweise heißt es doch, dass Messer, Sägen, Hämmer und Feuer kein Kinderspielzeug wären – allergrößte Aua-Gefahr! Der Abenteuerspielplatz aber dreht das Ganze kurzerhand um, er legt das scharfe, spitze, harte und heiße Gerät fröhlich und vertrauensvoll in Kinderhände – selbstverständlich unter sorgsamer pädagogischer Aufsicht. So können die Kleinen im Baubereich zu fleißigen Handwerkern werden, wichtige manuelle Fertigkeiten entwickeln, schließlich gar hölzerne Eigenheime in die Landschaft setzen.

Doch der 1972 gegründete Abenteuerspielplatz Oberkassel bietet noch mehr: Im Tierbereich kann man Verantwortung für Vierbeiner übernehmen, der kleine Schrottfahrzeugpark gestattet – Phantasie vorausgesetzt – phantastische Verfolgungsjagden, Gokarts und Riesenschaukeln laden zu realer sportlicher Betätigung ein. Saisonal stehen Events wie Töpfern und Stockbrotrösten an, doch das Eindrucksvollste ist der Spielplatz in seiner weitläufigen Gesamtheit: Hier gibt es Trampelpfade, die in Trampelpfade münden, die wiederum in Trampelpfade münden, hier bekommt man eine Ahnung davon, wie »Spielplatz« war, bevor er zum Safe Space wurde.

Eine exotische Note setzen – wir sind im japanischen Viertel – die vielen japanischen Kinder, deren Eltern mitunter nur kurzfristig in Düsseldorf engagiert sind, sodass die Kleinen kein Deutsch sprechen. Dennoch fügen sie sich wunderbar ins Geschehen ein, denn hier geht es um Spaß, und der ist international.

Adresse Brüggener Weg 8, 40547 Düsseldorf, Tel. 0211/574871, www.asp-ok.de // ÖPNV Bus 828, 834, 836, Haltestelle Niederkasseler Kirchweg // Öffnungszeiten Mo–Fr 14.30–19 Uhr, Feiertage und zwischen Weihnachten und Neujahr geschlossen // ab 6 Jahre

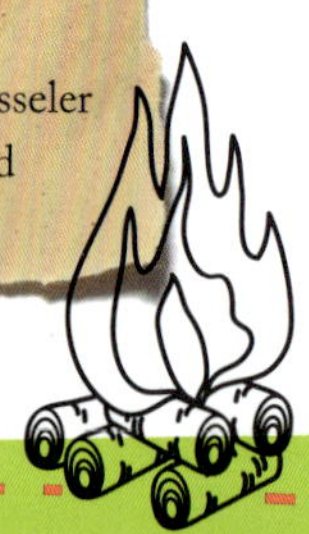

TIPP: In der Nähe, am Rheinufer (Am Pappelwäldchen 92), lockt eine sehr hübsch gelegene Minigolfanlage.

2_DAS AKKI

Kinder können das

Was ist das Akki? Tja, die Antwort fällt nicht ganz leicht. Zunächst ist Akki die handliche Kurzform für »Aktion & Kultur mit Kindern e. V.«, faktisch ist es eine Jugendkunstschule, und zwar eine, die auf Kurse verzichtet. Doch eigentlich ist das Akki viel mehr: ein Ort nämlich, an dem Kinder für voll genommen werden.

Das Akki veranstaltet Projekte, in denen Kinder nicht nur so tun, als machten sie etwas – sondern wirklich etwas machen. So zum Beispiel ein Fernsehprogramm – nicht etwa im Sinne des Als-ob, sondern echt: ein Fernsehprogramm, das live mit vorproduzierten Einspielfilmen über die Bühne geht, wobei das Studiopublikum, bestehend aus Eltern und Freunden, von der kindlichen Medienkompetenz schlichtweg hingerissen ist. Kinder können das. Kinder können auch Kunst machen, Theater spielen, eine Ausstellung konzipieren, einen Spielfilm drehen, ein Hörspiel aufnehmen, auf der Bühne performen und, und, und. Im Akki machen sie all das, selbstverständlich unter steter Begleitung kompetenter Mitarbeiter.

Im Akki denkt man durchaus zeitgemäß: Ein Schwerpunkt liegt auf moderner Medientechnik, so programmieren die Kinder etwa kleine Spiele für Smartphone und Tablet. Oder machen Scanner-Kunst. Allsommerlich kommt es zum Höhepunkt des Akki-Jahres: »Düsseldörfchen« heißt das Mega-Event, 350 Kinder machen mehrere Wochen lang »Stadt«. Hier gibt es Handwerker, Künstler, Bürgermeister, Geschäftsleute, kurz: das wahre Leben im Kleinen. Und staunend stellt man fest: Kinder können das.

TIPP: Südlich des Akki beginnt ein 20 Hektar großes Areal, das von einer Wasserachse durchflossen wird: »In den Gärten« besteht aus 16 verschiedenen Themengärten – hier hindurchzuspazieren ist äußerst spannend!

Adresse Siegburger Straße 25, 40591 Düsseldorf, Tel. 0211/7885533, www.akki-ev.de // **ÖPNV** U 74, U 77, U 79, Haltestelle Kaiserslauterner Straße // ab 6 Jahre

3_DAS AMPHITHEATER

Die Lärmverstärkung vor der Volksvertretung

Das 1988 eingeweihte Landtagsgebäude ist eine Komposition aus insgesamt 27 Kreisen und Kreissegmenten. Diese Architektur symbolisiert selbstverständlich ... äh, was symbolisiert sie noch gleich? Moment, ach ja, richtig: dass im Parlament »die Räder ineinandergreifen wie bei einer Uhr« – so jedenfalls seinerzeit das Architektenbüro »Eller, Moser, Walter + Partner«, und die mussten es wissen, hatten sie doch die Pläne gezeichnet.

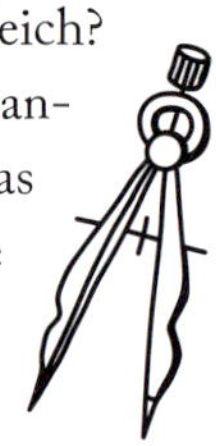

Seinen vollen Reiz entfaltet das virtuose Räderspiel erst aus der Vogelperspektive. Doch selbst wenn man kein Vogel ist, kann man dem Landtag durchaus etwas abgewinnen. Zunächst sollte man ihm dafür dankbar sein, dass er die Rheinknie-Gegend heftig aufgepimpt hat: Zuvor war hier, wie »Der Spiegel« 1988 schrieb, »Nachtjackenviertel«. Heute hingegen können Kinder fröhlich herumlaufen, spielen, Rhein gucken, Spaß haben. Und zudem – den Architekten sei Dank dafür – ein ganz besonderes Stück Kreis-Architektur zu wunderbarem Quatsch nutzen: Am südwestlichen Ende des Komplexes liegt das »Amphitheater«, dessen Spielfläche in Form eines Spinnennetzes gepflastert ist. Wenn man sich ins Zentrum stellt, funktioniert die halbkreisförmige Fensterwand der Landtagskantine als Schallverstärker – was Kinder zu spontanen Krach-, Lach- und Jodel-Darbietungen nutzen.

Kleine Anmerkung: Im südlichen konkaven Eingangsbereich des Landtags ist der Effekt noch viel ausgeprägter. Ihn hier zu nutzen würde jedoch die Würde des Hohen Hauses ernstlich beeinträchtigen.

TIPP: Neben der Kantine ragen die »Pommespicker« auf – oder korrekt bezeichnet »One Up, One Down – Excentric«, eine 15 Meter hohe Edelstahlplastik von George Rickey, die sich sachte im Wind bewegt. Ihr dabei zuzuschauen entspannt enorm.

Adresse Platz des Landtags 1, 40221 Düsseldorf // ÖPNV Straßenbahn 706, 708, 709, Haltestelle Landtag/Kniebrücke

4_DER ARCADENSPIELPLATZ

Kinderspaß mit angeschlossener Shoppingmall

Ach, wir leidgeprüften Eltern kennen das doch zur Genüge: Kaum ist man glücklich auf dem Spielplatz angelangt, kommt es zu ersten Katastrophen: Die Kleinen haben Sand in die mitgebrachte Saftflasche gestreut, Papa hat die Müsliriegel daheim vergessen, und ja, die Sonne scheint doch ganz schön doll, wo sind eigentlich die Käppis? Was riecht denn hier so feindselig, ist da etwa was in der Windel? Herrje, ich brauch jetzt einen Kaffee und zwei Aspirin, aber dringend!

Wirklich: Die Lebenserfahrung lehrt, dass man auf Spielplätzen stets genau das benötigt, was man gerade nicht dabeihat. So verwundert es, dass man anscheinend nur hier in Bilk auf jene geniale Idee gekommen ist, die doch so naheliegt – nämlich den Spielplatz mit einer eigenen Shoppingmall auszustatten!

Die »Düsseldorf Bilk Arcaden« bieten die Komplettversorgung für sämtliche Lebenslagen: Hier gibt es Schnell-Restaurants jedweder Art, Cafés, Drogeriemärkte mit Wickel-Utensilien, Supermärkte, Spielzeug- und Buchläden, WLAN und wunderbare Toiletten.

Der übrigens meist angenehm leere Spielplatz hat einen netten Sand- und Matschbereich für die Kleinsten mit Wipptieren und Kletter-Holzhaus. Etwas Größere erfreuen sich an den Heavy-Duty-Schaukeln sowie am coolen Kletterlabyrinth, durch welches man nach ganz oben auf die Gummiriesenrutsche kommt, noch Größere amüsieren sich auf den beiden Streetball-Courts. Ein weiterer Pluspunkt des Arcadenspielplatzes: Er ist mit den Öffentlichen wunderbar leicht zu erreichen.

Adresse Friedrichstraße 133, 40217 Düsseldorf // **ÖPNV** S 8, S 11, S 28, U 71, U 72, U 73, U 83, Haltestelle Düsseldorf Bilk

TIPP: Nebenan lockt der kleine, aber feine Florapark mit einem Matschpumpen-Spielplatz und dem sehr angesagten Gartenlokal Florabar – lecker Kaffee, lecker Kuchen!

5_ DER ARCHEOPOINT

Das kleine Archäologie-Museum für zwischendurch

Wenn man in einer alten Stadt unterirdisch tätig wird, etwa beim Bau eines U-Bahn-Tunnels, kommen oft interessante Dinge zum Vorschein. Manchmal gar so viele, dass man vor lauter Archäologie kaum mehr zum Bauen kommt, fragen Sie mal in Rom nach. Nun spielt Düsseldorf, die Altertümer betreffend, nicht ganz in einer Liga mit der Ewigen Stadt, dennoch: Als man daranging, die Wehrhahn-Linie durch die Stadt zu ziehen sowie den Autoverkehr im Kö-Bogen unter die Erde zu legen, schlug die Stunde der Funde: Insgesamt 226 Senftöpfe wurden geborgen, was den Ruf Düsseldorfs als Mostert-Metropole eindrucksvoll bestätigte, daneben 6.289 Mineralwasserflaschen. Und dann noch, in zwölf Metern Tiefe, ein Etwas, das die Arbeiter erst für ein Stück Leitung hielten – dann aber doch nicht: Hinzugezogene Experten erkannten einen eiszeitlichen Mammutstoßzahn, 1,20 Meter lang, 34 Kilogramm schwer und über 10.000 Jahre alt!

Diesen Zahn kann sich nun ein jeder ansehen. Gut, zugegeben, es ist eine Kopie aus glasfaserverstärktem Kunststoff, aber sie sieht absolut lebensecht aus, ist wunderbar dekorativ dargeboten und niedrigschwellig zu erreichen. Man muss nur den »ArcheoPoint« aufsuchen, der dort zu finden ist, wo die Rolltreppe der Wehrhahn-Linie Richtung Corneliusplatz führt. Neben dem Zahn entdeckt man hier noch beeindruckende (und echte!) Reste Alt-Düsseldorfer Festungsmauern, die unweit von hier gefunden wurden und einen schon ein bisschen stolz auf die Geschichte seiner Heimatstadt machen.

Adresse U-Bahnhof Heinrich-Heine-Allee, 40213 Düsseldorf // **ÖPNV** U 70 – U 79 und U 83, Haltestelle Heinrich-Heine Allee // **Öffnungszeiten** täglich 10 – 18 Uhr // ab 8 Jahre

TIPP: Die Wehrhahn-Linie-Rolltreppen der Heinrich-Heine-Allee dürften zu den längsten Düsseldorfs gehören: Knapp eine Minute Fahrspaß, bei jener zur Altstadt noch untermalt von wunderbar spooky Sounds – eine Klanginstallation des Künstlers Ralf Brög.

6_DIE ARENA

Wir gehen dorthin, wo wir sonst nicht hindürfen

»Guck mal, Laurie, hier kannst du es wunderbar sehen: Die eine Sechs schiebt auf die Ballseite, die andere Sechs macht das Zentrum zu, siehst du, Laurie?«

Natürlich sieht Laurie nicht. Zumindest sieht Laurie nicht die Arbeit der Doppelsechs gegen Ball und Raum. Denn Laurie findet so was eher langweilig. Klar, wenn Fortuna ein Tor schießt, ist das super, schon weil sich dann alle freuen, die Spieler und die vielen Leute, und Mama und Papa natürlich auch. Aber wenn Fortuna gerade kein Tor schießt, sondern nur hin und her läuft? Wieso sollte man sich das angucken, wo es doch hier so viele interessantere Sachen zu sehen gibt?

Bis zu einem gewissen Alter gilt die Regel, dass Kinder zwar Spaß am Stadionbesuch haben, das Fußballspiel dabei jedoch mitunter stört, jedenfalls zweitrangig ist. Das eigentliche Ereignis ist die Arena – erst recht, wenn sie so hypermodern ausgestattet ist wie die Düsseldorfer Spielstätte! Hier vereinen sich mächtige Architektur, schickes Design und raffinierte Technik zu einem faszinierenden Rundum-Erlebnis. Womöglich noch großartiger wird der Stadiongang, wenn man in jene Zonen gelangt, die dem Besucher ansonsten verschlossen bleiben: Bei den Arena-Führungen gibt es zwar keinen Fußball zu sehen (was Laurie durchaus verschmerzen kann), dafür darf man jedoch in den Spielertunnel, den Kabinen- und VIP-Bereich, wo man tolle Sachen sieht. Zum Beispiel die Toiletten, auf denen womöglich schon Manuel Neuer und Mick Jagger Pipi gemacht haben.

Adresse Arena-Straße 1, 40474 Düsseldorf // ÖPNV U 78, Haltestelle Arena/Messe Nord // Öffnungszeiten Führungen durch Zecco Sportkommunikation, Informationen unter Tel. 0211/41554212 und www.zecco.de/arenafuehrungen // ab 8 Jahre

TIPP: Eine andere, zudem nahrhafte Perspektive auf die Arena bietet das benachbarte Hotel Tulip Inn mit seinem Restaurant »Branche«.

7_DER ART SERVICE

Perfekt für Kinder mit Kunstambitionen

Wir lehnen uns jetzt mal ein bisschen aus dem Fenster und wagen, Folgendes zu sagen: Jedes Kind ist ein Kunstgenie. Zumindest in dem Sinne, dass jedes Kind einen ganz eigenen, originären Stil hat: Dieses keck dahingekrickelte Einhorn ist ganz unverkennbar Lindas Werk, kein Zweifel – das Einhorn ihrer Freundin Melina sieht völlig anders aus. Manchmal steht man vor derlei Frühwerken und denkt: Unglaublich! Picasso meinte mal, dass er ein Leben lang gebraucht habe, um wieder zeichnen zu lernen wie ein Kind.

Nun, bei den meisten Kindern verliert die Kunst im Laufe ihrer Entwicklung ein wenig an Bedeutung, andere Leidenschaften treten hinzu und werden wichtiger. Doch manche Kinder bleiben beim Bild, wollen jedoch mit der Zeit nicht mehr so malen wie Kinder, sondern wie Erwachsene. Und diesen Kindern reichen dann die Materialien nicht mehr, die man beim Discounter im Aktionstrog oder im Schreibwarenladen links hinten findet.

Glücklicherweise leben wir in einer Kunstmetropole, sodass wir wunderbare Läden wie den Art Service haben, in denen es so ziemlich alles gibt, woraus man Kunst machen kann: Stifte jedweder Couleur, Öl-, Aquarell- und Acrylfarben, Kreide, Kartons, Papiere, Pinsel, Leinwände und noch ungefähr eine Trillion anderer Dinge, selbstverständlich auch massig Bastelbedarf. Sollte man vor dieser wunderbaren Vielfalt ein wenig den Überblick verlieren oder Fragen haben (»Was um Himmels willen macht man mit Malbutter?«), so geben einem die kompetenten Mitarbeiter gern Antwort.

TIPP: Unweit, etwas versteckt in einem Hinterhof, liegt die Spieloase Bilk (Brunnenstraße 65a), die sich perfekt für die kleine Spielpause zwischendurch eignet. In den Ferien locken zudem spannende Freizeitprogramme.

Adresse Himmelgeister Straße 14–16, 40225 Düsseldorf, Tel. 0211/905990, www.artservice-tube.de // ÖPNV U 71, U 73, U 83, Straßenbahn 704, 706, Haltestelle Auf'm Hennekamp // Öffnungszeiten Mo–Fr 9–18.30 Uhr, Sa 10–16 Uhr // ab 10 Jahre

8_DER BAUERNHOF SÜDPARK

Tiere, Kuchen und Spielgemüse

Warum lieben Kinder eigentlich Tiere? Und warum lieben Kinder es, Tiere zu streicheln? Darüber könnte man lange nachdenken. Fühlen sich die Kinder den Tieren verwandt, spüren sie noch das gemeinsame Band, das die Schöpfung umgibt? Tja. Allerdings kann man derlei Fragen auch getrost beiseitelassen und sich einfach daran freuen, dass Kinder sich an Tieren freuen. Also auf zu dem Ort, an dem man die lieben Vierbeiner streicheln kann – auf zum Bauernhof Südpark!

Dieser Hof, 1859 erbaut, wurde noch bis in die 70er Jahre bewirtschaftet. Anlässlich der Bundesgartenschau 1987 hat man ihn restauriert und seinem jetzigen Zweck zugeführt. So können hier Stadtkinder den Eseln, Schafen und Ziegen sehr nahe kommen und sie auch füttern – wobei die Vorschriften zu beachten sind: Als Futter kommen nur die im Automaten angebotenen Heucobs in Frage!

Doch daneben hat der Bauernhof noch eine andere Funktion: Er ist Teil der »Werkstatt für angepasste Arbeit«, so können hier Menschen mit Behinderung tätig sein. Das gilt auch fürs zugehörige Café Südpark, in dem man neben Kuchen (aus der eigenen Bäckerei!) auch Deftiges zu essen bekommt. Das Café bezaubert durch seine nette Atmosphäre, alles vollzieht sich hier in freundlicher Gemächlichkeit. Wer seinen Proviant lieber unterwegs verzehren will, kann sich im Hofladen oder am Kiosk versorgen. Auch das Spielerische kommt auf dem Hof nicht zu kurz: Es gibt eine Minigolfanlage sowie einen Spielplatz, dessen Geräte – wie passend – in Gemüseform gestaltet sind.

Adresse Café: In den Großen Banden 58, 40225 Düsseldorf, Tel. 0211/8825844000, www.wfaa.de // ÖPNV U 71, U 73, U 79, U 83, Straßenbahn 704, Haltestelle Südpark // Öffnungszeiten Sommer täglich 8–18 Uhr, Winter täglich 8–17 Uhr

TIPP: Unmittelbar südöstlich des Bauernhofs liegt der Deichsee, eine ehemalige Kiesgrube, die jetzt mit Grundwasser gefüllt ist. Dort und an den künstlich angelegten Teichen und Inseln gibt es eine faszinierende Flora und Fauna zu bestaunen.

9_DIE BEETHOVENKIRMES

Düsseldorfs längstes kleinstes Volksfest

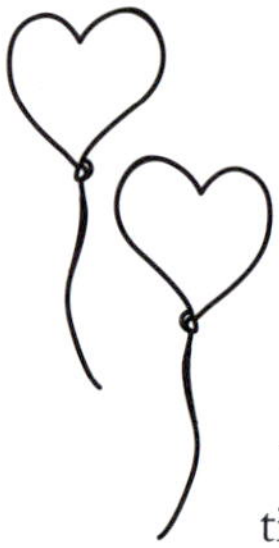

Manchmal nimmt das Leben eine unerwartete Wendung. Der Tierarzt Kornelis Biron hat sich auf die Behandlung von Reptilien spezialisiert (und genießt hier einen exzellenten Ruf), sodass er, nach einem Maskottchen für seine Praxis suchend, auf das bekannteste aller Kriechtiere kam. So tippte er eines Abends »Krokodil« in das Suchfeld des Internet-Auktionshauses, scrollte durch die Ergebnisse – und blieb bei einem gebrauchten Schaukelkrokodil hängen, elektrisch, mit Münzeinwurf. Biron sah das Potenzial dieses Spielgeräts: Einerseits gäbe es ein stattliches Aushängeschild für seine Praxis ab, andererseits könnte es Kindern, die sich ansonsten im Wartezimmer langweilten, spielerisch die Zeit vertreiben. Er kaufte das Ding kurzerhand, stellte es auf und genoss den Erfolg: Das Kroko erfreute sich umgehend größter Beliebtheit, bei Birons eigenen Kindern ebenso wie bei der Laufkundschaft. So baute der Tierarzt sein Konzept im kühnen Expansionskurs aus: Ein Hubschrauber wurde angekauft, ein XS-Kettenkarussell, ein Zwergriesenrad, ein Roboter und schließlich ein großartiger Lurchi (Biron behandelt auch gern Amphibien).

So hat er sich mittlerweile gegen die Rheinkirmes gut in Position gebracht. Zwar ist diese etwas größer, dafür bespielt der Tierarzt die Düsseldorfer Rummelszene wesentlich nachhaltiger: 365 Tage im Jahr. Eine Fahrt kostet zwischen 20 Cent und einem Euro, wobei die Einnahmen SOS-Kinderdörfern und einem indischen Schutzprojekt für wilde Tiere zugutekommen.

TIPP: Dort, wo die Beethovenstraße in die Ackerstraße mündet, erfreut sich das Café Hüftgold großer Beliebtheit – schmackhafte Kuchen im »Gute-alte-Zeit-Interieur«.

Adresse Beethovenstraße 6, 40233 Düsseldorf // **ÖPNV** U 71, U 72, U 73, U 83, Straßenbahn 708, Haltestelle Uhlandstraße // ab 4 Jahre

10_DER BESUCHERKANAL

Düsseldorfs düstere Unterwelt

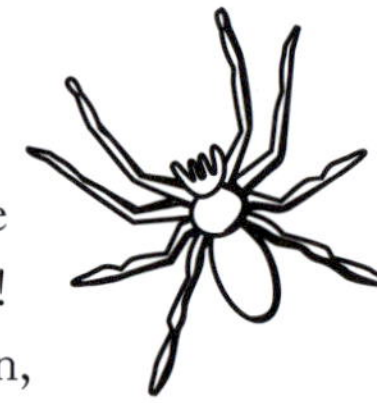

Okay – sind alle bereit? Dann geht's jetzt los – die enge Wendeltreppe hinab in Düsseldorfs düstere Unterwelt! Noch funzeln ein paar Wandlampen tranig vor sich hin, aber damit wird es bald ein Ende haben. Dann leuchten nur noch die Handlampen, doch wenn diese ausgeschaltet sind, ist es derart dunkel, wie man es noch nie erlebt hat.

Schauder! Denn was jene Dunkelheit noch dunkler macht, sind diese merkwürdigen Klänge: dieses leise, grottige Tropfgeräusch, es hallt so sonderbar wider, ebenso wie das gepresste Kichern, mit dem die kleinen Kanalgänger ihre Unsicherheit überspielen – jetzt sollte man die Lampen aber wieder anmachen, ja?

Denn das, was es hier zu sehen gibt, ist hochinteressant: seltsam gewölbte Mauern, Säulen und Rundbögen, das hat etwas von alter Kirche, ist aber deutlich unheimlicher. Mann, hier könnte man echt Gruselfilme drehen!

Das hat man auch – nämlich »Creep« mit Franka Potente, doch auch weniger krasse Produktionen nutzten den Kanal als Kulisse: »Verbotene Liebe« und »Alarm für Cobra 11« etwa. Die 176 Meter lange Tunnelröhre ist jedoch nicht nur gruselig, sondern auch lehrreich: So also funktioniert das technische Wunderwerk »Kanalisation«. Genauer gesagt funktioniert dieser Abschnitt ja nicht mehr, da die zugehörige Golzheimer Kläranlage stillgelegt wurde. Mithin begegnen einem keine Unappetitlichkeiten – wohl aber sieht man interessante Stadt-Natur: Pflanzen, Pilze, Spinnen und kleine, niedliche Kröten, denen es hier ebenso gut gefällt wie den Kanalgängern.

Adresse Erwin-von-Witzleben-Straße 40, 40474 Düsseldorf, Tel. 0211/8922722, www.swd-ag.de // **ÖPNV** U 78, U 79, Haltestelle Nordpark/Aquazoo // ab 8 Jahre

TIPP: Am nahen Reeser Platz lockt ein netter Spielplatz. Mit Kalt-/Heißgetränken sowie Snacks kann man sich am Büdchen ausstatten, das, ganz in Fortuna-Farben gehalten, eine einladende Gemütlichkeit ausstrahlt.

11_ DIE BEZIRKSREGIERUNG

Die lustigen Babys von Pempelfort

Staunend, liebe Kinder, stehen wir vor dem riesigen Bezirksregierungsgebäude und fragen uns, was das wohl ist, eine Bezirksregierung? Nun, eine Bezirksregierung ist das, was einen Regierungsbezirk regiert. Alles Weitere lernt ihr später, und das wird gewiss superinteressant! Denn die Bezirksregierung ist eine Landesmittelbehörde, damit steht sie zwischen den oberen und den unteren Landesbehörden, übrigens gibt es auch noch Bundesbehörden und … hey, seid ihr etwa eingeschlafen?

In jedem Falle aber ist das Regieren sehr wichtig, und damals, als dieses Riesengebäude erbaut wurde, war es noch viel wichtiger, was man auch zeigen wollte. So sitzt ganz oben auf dem Gebäude ein kupferner Adler, der die Welt in seinen Fängen hält!

Ui! Was für wichtige Menschen das wohl waren, der Regierungspräsident, zu dessen Zeit das Gebäude errichtet wurde, und der Architekt, der die Pläne gemacht hat. Man kann sich diese Herrschaften sogar anschauen. Dazu geht man rechtsherum zur Rückfront des Baus, wo sie auf einem Steinrelief verewigt sind: kleine nackte Babys! Das Präsi-Baby zeigt auf den großen Bauplan. Eingehakt ist das Präsi-Ehefrau-Baby, das durch eine alberne Stiel-Brille (»Lorgnette«) auf die Zeichnung schaut, welche sich in den Händen des Architektenbabys befindet, und dieses schaut echt genervt.

Tja: Man hört, dass der damalige Regierungspräsident Francis Kruse und seine Gattin Margarete den Architekten ständig reingeredet haben. Dieses Relief mag die kleine Rache der Genervten sein.

Adresse Cecilienallee 1–2, 40474 Düsseldorf, Rückfront an der Kurt-Baurichter-Straße // **ÖPNV** U 78, U 79, Haltestelle Victoriaplatz/Klever Straße

TIPP: Gegenüber liegt der Rheinpark Golzheim mit großer Wiese und kleinem Spielplatz, der mit seiner schicken Hüpf-Gummimatte punktet.

12_DIE BLUMENMÜLLHALDE

Traurige Pflänzchen finden ein liebevolles Zuhause

Die Düsseldorfer sind schon eine besondere Spezies (das wissen zumindest die Nichtdüsseldorfer ganz genau), sind sie doch grundsätzlich in Schnöselunternehmen tätig, wo sie – ohne je groß arbeiten zu müssen – infernalisch viel Geld verdienen, das sie dann champagnertrunken in Luxusgeschäften verjuxen, wobei die Haute-Couture-Fraktion schon ein bisschen auf die Prêt-à-porter-Fraktion herabschaut.

Nun, freilich gibt es gewisse Stadtteile, die das (ansonsten natürlich völlig zutreffende) Vorurteil widerlegen. Einer davon ist Volmerswerth, das sich in Sachen Urbanität dezent zurückhält – hier gibt es noch nicht mal eine Grundschule, sodass die Kinder in den Lehranstalten der Nachbarstadtteile Zuflucht suchen müssen. Etwas überspitzt gesagt, gibt es in Volmerswerth nur drei Dinge: Wohnhäuser, die Rheinpromenade (mit sehr hohem Freizeitwert!) und – Blümchen.

Nämliche gedeihen in den vielen Gärtnereien, die rund 70 Prozent der Stadtteilfläche ausmachen. Wobei die Produktions- und Absatzbedingungen der Gärtnereibranche wohl weit komplizierter sind, als es sich der Laie auszumalen wagt – mit der Folge, dass manch zartes Pflänzchen, womöglich weil es schon leicht angebräunt ist, nicht den Weg ins Geschäft, sondern nur jenen auf den Kompost nimmt. So sieht man hier mitunter Kinder, die ein liebes, trauriges Blümchen am Wegesrand erspäht haben und es nun stolz nach Hause tragen – sei es, um die Kinderzimmerfensterbank zu schmücken, sei es, um Oma Uschi ein ganz tolles Geschenk zu machen.

TIPP: An heißen Tagen eine Labsal: der steinerne Fisch-Brunnen vor dem Wasserwerk Flehe, zu finden an der Himmelgeister Landstraße 1.

Adresse Volmerswerther Deich, 40221 Düsseldorf // **ÖPNV** U 72, Haltestelle Hellriegelstraße // ab 4 Jahre

13_DIE BONBONMANUFAKTUR

Die hohe Kunst der Hartkaramellisierung

Wir spätmodernen Menschen sind schon eigentümlich: Auf der einen Seite haben wir megatolle Industriemaschinen, mit denen wir allerlei schöne und nützliche Dinge immer schneller und besser produzieren können – auf der anderen Seite freuen wir uns halb doof, wenn wir irgendetwas sehen, was nach uralter Machart per Hand hergestellt wurde. Aus lauter Freude sind wir dann gern bereit, für das Traditionsgut etwas tiefer ins (natürlich handgenähte) Portemonnaie zu greifen. Das gilt für fast alle Waren, somit auch für Bonbons: Es ist doch etwas anderes, ob die kleinen Klümpchen vom Fließband flutschten oder liebevoll per Hand geformt wurden, nicht wahr? Und wie cool ist es denn erst, jenen liebevollen Händen beim bonbonformenden Akt live zuzuschauen! Da können die Kinder lernen, wie viel Mühe in einem Bonbon steckt und wie viel Kompetenz.

Andächtig verfolgen die Kleinen das emsige Treiben in der Bonbonmanufaktur Snoepjes, teils mit offener Bewunderung der dort obwaltenden Kunstfertigkeit, teils in wilder Vorfreude darauf, die köstlich anmutenden Erzeugnisse gleich weglutschen zu dürfen.

Snoepjes hat sich auf Hartkaramellen mit spektakulärem Crunch (»Rock Candies«) spezialisiert, wobei auch Außenstehende in die süße Kunst eingeweiht werden – allerdings keine Erwachsenen, sondern nur Kinder! Diese können in Gruppen, maximal zu zehnt, an Workshops teilnehmen, wobei jeder Teilnehmer selbstverständlich einen Tüte selbst gemachte Bonbons mit nach Hause nehmen darf.

Adresse Mühlenstraße 7, 40213 Düsseldorf, Tel. 0177/9009700, www.snoepjes.de // ÖPNV U 70 – U 79 und U 83, Haltestelle Heinrich-Heine-Allee // Öffnungszeiten Mo 8.30 – 18 Uhr, Di – Sa 11 – 18 Uhr // ab 6 Jahre

TIPP: Rechts des Eingangs zur Kunsthalle sieht man einen senkrechten roten Strich an der Fassade, der sich unten in ein kleines Delta teilt – ein ganz und gar einzigartiges Kunstwerk mit dem Titel »Die Träne« von James Lee Byars, geweint wohl über den Tod von Joseph Beuys.

14_DER BOTANISCHE GARTEN

Picknick auf der südafrikanischen Sitzgruppe

Der Dornige Hauhechel ist ein wichtiges Mitglied der Schmetterlingsblütler-Unterfamilie – gäbe es ihn nicht, wäre unsere Welt ärmer. Davon jedoch, dass es ihn gibt, können Sie sich beim Gang durch den Botanischen Garten überzeugen. Allerdings sollten Sie ernsthaft überlegen, ob Sie ein Kind mitnehmen. Denn, machen wir uns nichts vor, Kinder können der Existenz des Dornigen Hauhechels in aller Regel wenig abgewinnen. Außer dass sie sich vielleicht in völlig unreifer Weise über seinen Namen lustig machen: Dorniger Hauhechel.

Nachdem wir uns nun ausgekichert haben, können wir darangehen, den Botanischen Garten mit Kinderaugen zu betrachten. Denn es ist ja keinesfalls so, dass er den Kleinen nichts zu bieten hätte! Nehmen wir nur den spacigen Kuppelrundbau – da sagt das aufgeweckte Kind durchaus schon mal »Oh!«. Wenn es dies in der exakten Kuppelmitte tut, hallt das »Oh!« mächtig wider, was den Pflanzen egal ist, ernsthaften Besuchern der Anlage aber Unmutsfalten ins Antlitz treibt. Höchste Zeit, das Terrain zu wechseln – auf ins Südafrika-Haus, wo man etwa der Aloe beim Herumstehen zuschauen kann. Die dortigen Sitzgruppen laden zum Platznehmen ein, und da mittig jeweils ein Tischchen positioniert ist, steht dem Picknick nichts im Wege. Mitten in Südafrika! Solcherart gestärkt, kann man sich beim Spaziergang durch den weitläufigen Garten an der Pflanzenpracht erfreuen, wozu nun vielleicht auch die Kinder Lust haben. Wer dort den Dornigen Hauhechel erspäht, möge ihn grüßen.

TIPP: An der Kölner Landstraße 148 liegt das »Kindercafé Wunderhaus«, eine Kombination aus Café und Indoorspielplatz.

Adresse Universitätsstraße 1, 40225 Düsseldorf, Tel. 0211/8112478, www.botanischergarten.hhu.de // ÖPNV U 79, Straßenbahn 707, Haltestelle Uni-Ost/Botanischer Garten // Öffnungszeiten jahreszeitenabhängig, Informationen siehe Webseite

15_DIE BUNKERKIRCHE

Die wahrscheinlich härteste Kirche der Welt

Diese Kirche, liebe Kinder, die wir uns jetzt anschauen werden, kommt ganz anders rüber als die, die ihr so von Urlauben her kennt. Nämlich knallhart. Und unzerstörbar.

Denn St. Sakrament weist Kirchenmauern auf, die weltweit einzig dastehen, sind sie doch aus allerbestem Stahlbeton gemacht. Und großartige 1,20 Meter dick. Staunend steht man vor der trutzigen Fassade dieses Gotteshauses und denkt: Das sieht wirklich extrem solide aus, das ist nicht kaputt zu kriegen – komme, was wolle. Da könnte man sogar eine Bombe draufschmeißen.

Und genau in diesem Gedanken liegt der Ursprung der Kirche. 1928 hatte die Gemeinde St. Sakrament den Grund erworben. Aber für einen Kirchenbau reichten die Geldmittel leider nicht mehr aus. So lag das Gelände brach. Während des Zweiten Weltkriegs riss es sich die Stadt kurzerhand unter den Nagel und baute – einen Hochbunker. Zum Zwecke der Tarnung gab man ihm den groben Umriss einer Kirche, eine merkwürdige Pointe.

So sah sich die Gemeinde nach dem Krieg in einer seltsamen Situation: Auf ihrem Grund stand ein prinzipiell unkaputtbarer Bunker – in Kirchenform. Doch selbstverständlich war die Kirche findig genug, das Beste aus der Situation zu machen: Man sprengte – was, wie man sich vorstellen kann, extrem schwierig war – zwei Zwischendecken weg und ein paar Fenster in die Mauern. Dann verpasste man dem Pseudokirchturm einen Glockenaufsatz – fertig war das Gotteshaus, welches mittlerweile in den Besitz des Koptisch-Orthodoxen Patriarchats St. Maria übergegangen ist.

Adresse Heerdter Landstraße 270 oder Pastor-Klinkhammer-Platz 1, 40549 Düsseldorf, www.kopten.de/gemeinden/duesseldorf // ÖPNV U75, SB85, Bus 805, 829, 830, 862, 863, 864, Haltestelle Handweiser // ab 8 Jahre

TIPP: Woher der »Handweiser« seinen Namen hat, weiß man nicht so genau. Vielleicht stand hier einmal ein Wegweiser, dessen »Hände« die Richtungen zeigten – ein solcher ist jedenfalls auf dem Haus Eupener Straße 1 zu bestaunen.

16_DIE BUSCHER MÜHLE

Hör ich das Mühlrad gehen …

Es ist nett hier, geradezu idyllisch – jedenfalls wenn nicht gerade ein Zug über die allzu nahen Gleise rattert. Man schlendert gemütlich am kleinen Weiher vorbei, der von der nördlichen Düssel gespeist wird und ehedem eine Funktion hatte: In ihm wurde des Nachts das Wasser gestaut, sodass es morgens mit mehr Druck floss. Denn seinerzeit plätscherte die Düssel hier nicht zweckfrei vor sich hin, sondern hatte die Aufgabe, ein Mahlwerk anzutreiben. Die Buscher Mühle hat ihren Namen vom Herrn Johannes de Buscho, der hier im 14. Jahrhundert einen Hof betrieb – das Land hatte er vom Rittergeschlecht derer von Pempelfort gepachtet, die damals hier das Sagen hatten. Unsere Wassermühle mag bereits auf jene Zeit zurückgehen, taucht jedoch erst 1790 in den Urkunden auf: Damals kaufte Düsseldorf sie für 3.000 Taler einem unbekannten Vorbesitzer ab. Seither drehte sie sich ohne Unterlass. Bis in den Zweiten Weltkrieg wurde hier Getreide gemahlen, und zwar CO_2-neutral mit Wasserkraft.

Dann, am 2. November 1944, machte ein Bombentreffer dem Betrieb ein Ende. Danach drohte die Ruine zu verfallen – bis sich Heimatfreunde ihrer annahmen. Mittlerweile wird sie, Düsseldorfs einzige noch verbliebene Wassermühle, von den »derendorfer jonges« bespielt.

Am letzten Augustwochenende sowie zu Pfingsten tut sich die Mühle auf, und man kann ihr rekonstruiertes Mahlwerk besichtigen. Ansonsten bleiben die Außenansicht mit den drei mächtigen Mahlsteinen und ein kleiner Blick ins Innere. Wer entdeckt es zuerst, das alte, hölzerne, gut sieben Meter durchmessende Mühlrad?

TIPP: Das Eisstadion Brehmstraße, Ort unerhörter Eishockey-Triumphe, ist ganz nah – und mit ihm auch der DEG-Fanshop.

Adresse Mulvanystraße 15, 40239 Düsseldorf // ÖPNV S1, S6, S11, Straßenbahn 701, Haltestelle Derendorf // ab 6 Jahre

17_DER CADILLAC

Elvis rostet im Unterholz

Was das aufmerksame Kind hier am Parkplatz des Biergartens »Galerie Burghof« sieht, ist ein übergroßes Auto – das heißt, streng genommen sieht das Kind nicht gar so viel von jenem Auto, weil Nämliches arg von Efeu umrankt ist. Das hat etwas Märchenhaftes, und – je nach Alter und Interessenlage des Kindes – kann man ihm das Märchen erzählen.

Es war einmal eine Automarke, deren Name einen geradezu magischen Klang hatte: Cadillac. Dieser Cadillac war die rollende Version des amerikanischen Traums. Chromblitzend und derart groß, dass er kaum zwischen den Häusern durchkam, verwandelte er rasend schnell Unmengen Benzin in Bewegung. Mitte des 20. Jahrhunderts war der Cadillac (insbesondere der karosserieveredelte »Fleetwood«) schlechthin das automobile Statussymbol der USA. In Deutschland kannte man Caddies nur aus dem TV, wo sie von übermenschlichen Geschöpfen durch Amiland gesteuert wurden. Eines jener Geschöpfe war Elvis Presley, der den Cadillac-Kauf zum fast alltäglichen Zeitvertreib gemacht hatte, er verschenkte sie wie andere Leute Blumen.

Und nun zurück zum Parkplatz: Vor unserem Fleetwood findet sich eine Tafel, die behauptet, dass Presley ihn einst persönlich gefahren hätte. Nun, die Geschichte ist etwas profaner – der King chauffierte nicht exakt dieses Auto, wohl aber modellgleiche. Hinter dem Steuer unseres Cadillacs hingegen hatte der Besitzer des Burghofs gesessen – bis der TÜV dem Fahrspaß ein Ende bereitete. Seither gemahnt der Straßenkreuzer hier an die Vergänglichkeit aller Dinge.

Adresse Burgallee 1, 40489 Düsseldorf // ÖPNV U 79, Haltestelle Kittelbachstraße // ab 6 Jahre

TIPP: Die »Galerie Burghof« ist selbstverständlich auch abgesehen vom Cadillac einen Besuch wert. Das Ambiente ist beeindruckend, man sollte bei Gelegenheit auch das WC aufsuchen: Diese Deko ist sehr besonders!

18_DAS CAFÉ BARNETS

Die Lösung eines alten Menschheitsproblems

Wir kennen es, das alte Problem: Mama braucht dringend Koffein, so steuert sie ein Café an, wuchtet den Nachwuchs in den Hochstuhl und bestellt. Doch kaum ist das aromatisch duftende Heißgetränk serviert, eskaliert die Situation: Das liebe Kind will dem rigiden Sitzmöbel entsteigen, weil dieses seinen Bewegungsdrang hemmt. So nimmt Mama den kleinen Racker auf den Schoß – auch nicht gut! Das Kind kämpft sich frei und beginnt die Welt zu erkunden, was Mama wiederum nötigt, sich ihrerseits vom Tisch zu entfernen, auf welchem der leckere Kaffee, dem ihre ganze Sehnsucht gegolten hat, hinfort erkaltet. Ach!

Es bedurfte einer doppelten Doppelbegabung, um dieses Dilemma zu lösen. Ilham Asik und Amal Taouil-Zeidi sind Schwestern, die sowohl pädagogische Ausbildungen als auch profunde Erfahrungen in der Gastronomie haben. Diese Kompetenzen vermählten sich zum Konzept des »Barnets«.

Beim Eintreten entledigt man sich seiner Schuhe und staunt: Hier sieht es nicht so aus wie in anderen Familiencafés: kein runtergerocktes Riesenkinderzimmer, sondern ein aufgeräumtes Ambiente in dezenten Farben. Man möchte Platz nehmen und tut dies auf einem der zahlreichen Sitzkissen. Es gibt weder Tisch noch Stuhl, Kinder und Eltern agieren erdnah auf Augenhöhe: Die Kleinen können wahlweise bei den Großen andocken oder sich auf den Weg ins Spielzimmer machen. Getränke und Speisen werden auf Frühstückstabletts gereicht. So kann Mama endlich ihren verdienten Kaffee genießen. Und zwar in perfekter Trinktemperatur.

TIPP: Direkt gegenüber lässt sich die Gastro-Tour trefflich fortsetzen: Die »Alte Metzgerei« sieht so aus, wie sie heißt, serviert aber wohlschmeckendes »globalisiertes Soulfood«.

Adresse Hoffeldstraße 45, 40235 Düsseldorf, Tel. 0211/56666523 // **ÖPNV** Straßenbahn 709, Bus 810, Haltestelle Hoffeldstraße // **Öffnungszeiten** Mo – Fr 10 – 18 Uhr, Sa, So 10 – 14 Uhr

19_DAS CHO

Wo Mama und Papa plötzlich ganz klein sind

Staunend steht Jakob vor dem superhohen Stuhl: Da, ganz oben, möchte er gern draufsitzen! Aber es ist ziemlich schwierig, dort hinaufzuklettern. Vielleicht stößt er sich ja auch an der Tischplatte! Zum Glück weiß der Restaurantbesitzer Rat: Man kann das vordere Ende der Tischplatte hochklappen, und schon kann Jakob besser auf den Stuhl klettern, was er nun auch tut – hui, ist das hoch!

Jakob ist Ende 30, rund 1,80 Meter groß und Hobby-Fußballer. Dass er gewisse Schwierigkeiten hatte, hier Platz zu nehmen, liegt folglich nicht an ihm. Sondern an jenem Tisch, der in Düsseldorfs Restaurantlandschaft einzig dasteht: Gut 1,50 Meter misst er in der Höhe, die Sitzflächen der zugehörigen Stühle befinden sich rund 1,20 Meter über dem Erdboden. Entworfen wurde diese spektakuläre Sitzgruppe von einem Freund des Restaurantbesitzers, seines Zeichens Tischler. »Mach mir was Besonderes!«, war Minh Son Nguyens Vorgabe. Und ebendas bekam er.

Nachdem Jakobs Kinder Papas mühsamen Aufstieg mit unbändiger Heiterkeit begleitet haben, nehmen sie nun selbst Platz – behände, zählt Klettern doch zu ihrem Tagesgeschäft. Mama folgt mit der ihr eigenen Geschmeidigkeit, sodass die Familie nun hoch über dem Geschehen thront – der Ausblick auf die Küche, in deren Woks vietnamesische Familienrezepte garen, ist enorm appetitanregend. Was trinken wir dazu? Die hausgemachte Limetten-Minz-Limonade? Papa lieber »Saigon Export«? Gut. Aber nicht zu viel – muss er doch nachher noch sicher vom Stuhl herunterkommen.

Adresse Roßstraße 1a, 40476 Düsseldorf, Tel. 0211/20031930, www.cho-duesseldorf.de // ÖPNV Straßenbahn 701, 705, 707, Haltestelle Dreieck // Öffnungszeiten Di–So und Feiertage 17–22 Uhr // Tischklettern ab 7 Jahre und auf eigene Gefahr

TIPP: Von Südostasien nach Lateinamerika sind es nur ein paar Schritte. Im »Mercado Tropical« (Münsterstraße 7) erhält man allerlei Leckereien aus der Ferne, darunter selbstverständlich auch Süßigkeiten, Säfte und Softdrinks.

20_ DIE CLASSIC REMISE

Früher, Kinder, war doch alles viel besser!

Also, Kinder: Früher, da war alles viel besser. Alles. Echt. Allein die Autos von früher! Da strotzten die Gefährte nur so vor Chrom, Protz-Zierrat und spektakulären Design-Ideen! Gut, sie haben zwar Zillionen Liter Sprit verbraucht und tonnenweise Ruß, CO_2 und Blei in die Umwelt geballert. Aber dafür waren sie ja auch so … wunderschön!

Und damit ihr das versteht, fahren wir jetzt in die Classic Remise – denn kaum irgendwo anders in der Welt sind derart viele derart schöne und edle Autos an einem Ort versammelt. Bevor wir da reingehen, muss aber eins klar sein: Wir dürfen uns diese wunderbaren Autos alle anschauen – aber keines anfassen! Sonst würden die Leute, denen diese Autos gehören, echt sauer werden. Da sind manchmal Autos, die sind eine halbe Million Euro wert! Das ist superviel Geld. Dafür könnte man superviel Eis kaufen, also wenn eine Kugel einen Euro kostet, dann könnte man dafür, lasst mich mal rechnen … eine halbe Million Kugeln kaufen!

So, jetzt gucken wir uns erst mal das Riesengebäude an. Das ist ein ehemaliger Ringlokschuppen aus den 30er Jahren, da standen mal ganz viele Dampflokomotiven drin. Jetzt aber Autos. Unten sind die wunderbaren Oldtimer der Händler zu sehen, und oben gibt es noch Glasgaragen, in die Leute ihre schönen Autos stellen, damit alle sehen können, welch schöne Autos sie haben.

Und dann gibt es da noch ein Restaurant, in dem man Pommes rot-weiß essen kann. Und wisst ihr was? Das machen wir jetzt!

Adresse Harffstraße 110a, 40591 Düsseldorf, Tel. 0211/22950570, www.remise.de/duesseldorf // **ÖPNV** U 71, U 74, U 77, U 79, U 83, Haltestelle Werstener Dorfstraße // **Öffnungszeiten** Mo – Sa 8 – 20 Uhr, So und Feiertage 10 – 20 Uhr // ab 6 Jahre

TIPP: Nördlich der Classic Remise erstreckt sich ein Stadtteil mit dem drolligen (inoffiziellen) Namen »Gurkenland«, so genannt, weil hier bis in die 50er Jahre nichts als Landwirtschaft war. Wer mag, kann auch noch die Straße »Am Schabernack« suchen.

21_DAS CURRY

Es ist alles Gold, was glänzt

Man achtet auf gesunde Ernährung, gerade was die Kinder betrifft. Die Hersteller tragen dem Rechnung. Vorbei die Zeiten, da den Lebensmitteln Zusatzstoffe in rauen Mengen beigesetzt wurden. Wer erinnert sich noch an die endlosen E-Listen auf der Pommesbuden-Speisekarte? Das ist Geschichte. Allein die Betreiber des »Curry« schwimmen hier ein wenig gegen den Strom – bieten sie doch eine Wurst an, welcher der Farbstoff E175 zugefügt ist. Diesen kennt man auch unter anderem Namen: Gold.

Gold zu essen, also echtes Gold echt zu essen – eine Vorstellung, die Kinder euphorisiert. Ja geht das überhaupt? Durchaus. Man erinnert sich noch an den Shitstorm, den der Bayern-Star Franck Ribéry 2019 auslöste, als er in Dubai ein mit Blattgold überzogenes 1.200-Euro-Steak schnabulierte. Nun lässt sich das gemütliche Düsseldorf nicht unbedingt mit dem Luxus-Emirat gleichsetzen. Folglich ist unser Steak eine Currywurst, mithin allerdings auch ein wenig preiswerter.

Ist man nicht dennoch dekadent, wenn man den Kindern die Goldwurst gönnt? Kaum. Erstens macht den Kleinen der Glanz des 18-Karat-Scheibchens größten Spaß. Zweitens lernen sie, Entscheidungen zu treffen: Aufessen? Oder doch irgendwie aus der Currysoße angeln und mit nach Hause nehmen? Aber Vorsicht: Letzteres gestaltet sich kompliziert, das hauchdünne Ding ist elastisch und reißt schnell. So lernen die Kinder drittens fürs Leben: Irdische Güter sind vergänglich. Doch immerhin kann man allen bannig stolz erzählen, dass man mal Gold gegessen hat. Echt!

TIPP: Ein Metall-Erlebnis ganz anderer Art ist direkt gegenüber zu haben: die spiegelnde Edelstahl-Fassade des »Neuen Zollhofs 2« von Frank Gehry.

Adresse Hammer Straße 2, 40219 Düsseldorf, Tel. 0211/3032857, www.curry-deutschland.de // **ÖPNV** Straßenbahn 706, 709, Bus 726, 732, Haltestelle Stadttor // **Öffnungszeiten** täglich 11.30–22 Uhr

22_DAS DAE-YANG

Bunt, süß, lecker und absolut unverständlich

»Ramune Iro Iro«? Das sagt uns eher wenig, klingt jedoch verführerisch. Durch die teiltransparente Tüte erkennen wir eine knallbunte Bonbonmischung. Sieht lecker aus, also ab in den Korb. Und hier? »Yuzu Gummy Candy«. Dem Kleingedruckten ist zu entnehmen, dass die Yuzu eine in Japan beliebte Zitrusfrucht ist. Das überzeugt uns. Kaufen. Und dieses hier? »Korean Fish Cake«? In Wurstform? Gut, den auch noch. Jetzt aber allmählich zur Kasse, sonst übertreiben wir's womöglich am Ende.

Zu den Reizen einer Auslandsreise gehört der Gang in den Supermarkt: Wie sehen die Mittel aus, von denen man hier lebt? Am spannendsten ist es, wenn man die Aufschriften der Waren nicht entziffern kann, die Namen und die Art der frischen Speisen nicht kennt. Dann kauft man, umgeben von fremden Klängen, Bildern und Gerüchen, tollkühn nach Gefühl ein … ach, Urlaub!

Das können wir auch hier haben. Die große japanische Kolonie unserer Stadt möchte auf gewisse Errungenschaften ihrer Heimat nicht verzichten. So haben sich im Hotspot Immermannstraße zahlreiche Geschäfte etabliert, von denen manche einen großen Unterhaltungswert für Kinder haben – etwa das Dae-Yang, zu Deutsch »Großer Ozean«. In jenem großen Ozean schwimmen seit 1974 allerlei Delikatessen fernster Herkunft. Dienstags und mittwochs präsentiert der Sushi-Meister seine Werke, Samstag ist Spezialitäten-Tag – doch was in unserem Zusammenhang zählt, ist täglich vorhanden: superbunte, superunverständliche und superleckere Süßigkeiten aus Nippon!

TIPP: Für Manga-Fans geht ein paar Häuser weiter die Sonne auf: Takagi Books bietet neben den Druckerzeugnissen auch jede Menge Original-Merchandise an.

Adresse Immermannstraße 21, 40210 Düsseldorf, Tel. 0211/161567, www.dae-yang.de // ÖPNV U 70, U 74 – U 79, Haltestelle Oststraße // Öffnungszeiten Mo – Sa 9 – 20 Uhr // ab 6 Jahre

23_DER DAMMWEG

Ein volldigitalisiertes Dschungelerlebnis

Ein bisschen Phantasie nur, schon sind wir ganz weit weg von Düsseldorf – irgendwo dort, wo der Dschungel ist und in ihm das Abenteuer. Bloß nicht vom Weg abkommen, links und rechts droht unsteter Sumpfgrund, es gibt auch Tiere, man hört sie immer wieder, manchmal erspäht man auch eins.

Wir sind beeindruckt. Unser Dammweg bietet eine abenteuerliche Landschaft. Entstanden ist sie durch Wechselfälle. Das epochale Rhein-Hochwasser des Jahres 1374 brachte den Strom dazu, sein altes Bett zu verlassen und sich ein neues zu bereiten. Der Altrhein plätscherte hinfort still vor sich hin – bis man ihn in den 50er Jahren trockenlegte, rechts seiner einen Deich baute und den zufließenden Garather Mühlenbach so einfasste, dass er die Rheinauen nicht mehr erreichte. Fertig.

Beziehungsweise doch nicht: Irgendwann fand man dieses Arrangement eher doof und öffnete den Deich an zwei Stellen, sodass der Mühlenbach sich nun wieder in das Altrhein-Bett ergießen darf, der alte Deich uns aber trockenen Fußes durch die feuchte Landschaft leitet.

Das macht Kindern Spaß, übrigens auch mit dem Fahrrad. Da wir aber im 21. Jahrhundert sind, gehen auch solche Wege mit der Zeit. Hinweistafeln bieten QR-Codes oder Telefonnummern, bei deren Anwahl einem eine freundliche Frauenstimme in angenehm entschleunigtem Duktus, untermalt von einer Naturgeräuschkonserve, alles Wesentliche erklärt, wobei sie mit einem hilfreichen Rat schließt: »Sie müssen sich bloß darauf einlassen.« Das machen wir doch gern!

TIPP: Die Straße »Am Ausleger« führt zur Rheinfähre nach Zons, wo einen die mittelalterliche Zollfeste mit ihren mächtigen Mauern und Türmen sowie jeder Menge Gastronomie erwartet.

Adresse 40593 Düsseldorf, www.auenblicke.de // **ÖPNV** S 6, Haltestelle Garath oder Hellerhof

24_ DIE DREISCHEIBEN-WURSTBUDE

Hier geht's im Advent knapp 100 Meter hoch her

Das Dreischeibenhaus bietet schon einen stattlichen Anblick. Die drei zusammengefügten Scheiben sind jeweils schlappe sechs Meter breit, dafür aber bis zu 96 Meter hoch. Solch spektakuläre Proportionen sieht man wahrlich nicht überall!

Von außen hat man sie schon oft bewundert. Doch die wenigsten wissen, dass das Dreischeibenhaus auch innere Werte hat. Wenn man sich traut, den Haupteingang zu durchschreiten, findet man sich in edlem Ambiente wieder. Die Barcelona-Sessel, die Mies van der Rohe 1929 entworfen hat, finden Kinder mäßig interessant. Besser sind da schon die beiden Fernwahlmünzfernsprecher Modell 1963. Seht mal, so haben Oma und Opa damals telefoniert!

Diese Telefonzellen stehen symbolisch für die ehemalige Fernsprechzentrale, in der das Restaurant »Phoenix« mittlerweile Quartier bezogen hat – zudem betreibt es in der 22. bis 24. Etage das »Phoenix 22« als »Eventfläche«. Hier ist die Aussicht einfach wow! Kleiner Nachteil: Man kann nicht so einfach rauf (außer wenn die Eltern äußerst wohlhabend sind und die Räumlichkeit für einen Kindergeburtstag mieten). In der Adventszeit aber avanciert die Dachterrasse des »Phoenix 22« zu Düsseldorfs höchstem Glühweinstand, selbstverständlich auch mit kindertauglichen Getränken und brutzeliger Bratwurst. Dann darf jeder hoch, Erwachsene gegen Eintritt (Gratis-Glühwein inklusive), Kinder kostenlos. Der Blick auf den Schadow-Weihnachtsmarkt tief unten und die winterliche Weite der Stadt lässt beste Feststimmung aufkommen.

Adresse Dreischeibenhaus, 40211 Düsseldorf, Tel. 0211/30206030, www.phoenix-restaurant.de // **ÖPNV** U 71, U 72, U 79, Straßenbahn 701, 705, 706, Haltestelle Schadowstraße // **Öffnungszeiten** des Glühweinstands variierend, Infos siehe Webseite // ab 6 Jahre

TIPP: Im nahen Hofgarten gibt es allerlei zu sehen: Kinder freuen sich meist am Märchenbrunnen, wo drei bronzene Altersgenossen und drei bronzene Frösche einander freundlich betrachten.

25_DER DUKATENSCHEISSER

Hier erwirbt man erste ökonomische Grundkenntnisse

Wie mag ein kleines Kind das Phänomen »Geld« begreifen? Zweifelsohne teilt sich ihm mit, dass jenes Geld von großer Wichtigkeit ist. Man geht in ein Geschäft oder in eine Eisdiele, dort gibt es wunderbare Dinge, welche man allerdings nur im Austausch gegen Geld erhält. »Das kostet aber Geld!« ist eine Formel, die nicht selten zwischen das Kind und seine Begehrlichkeiten gerückt wird. Geld scheint von enormer Wichtigkeit. Das legt eine Frage nahe: Wie kommen Mama und Papa eigentlich zu Geld? Wie sie sagen, haben sie dafür gearbeitet, und dies wissen offenbar die Automaten, aus denen die Eltern das Papiergeld erhalten. Gleich drei solcher Automaten sind etwa an dieser Altstadtstraße, auf der die vielen Tische und Stühle stehen.

Aber woher kommt das Metallgeld? Nun, am Gebäude, das die drei EC-Automaten trägt, findet sich ein koloriertes Steinbild, das hier womöglich Antwort gibt. Ein offensichtlich gut gelaunter Mann defäkiert vor sich hin, doch in den Topf fällt nicht das Übliche – sondern gülden glänzende Münzen!

Gut, somit weiß das Kind jetzt auch, woher das Hartgeld kommt. Dank sei dem Dukatenscheißer, der die Fassade einer Bankfiliale unweit der Bolker ziert. Jener Geldproduzent stammt aus dem Jahr 1956, das Motiv freilich ist sehr viel älter, wobei es ursprünglich wohl eine Art Offenbarungseid symbolisierte. Unser hiesiges Relief interpretiert den Dukatenscheißer anders und verweist auf das Märchen (in dem allerdings ein Esel dieses Geldgeschäft verrichtet).

TIPP: Auf der Schneider-Wibbel-Gasse liegt auch das traditionsreiche Cinema, eins der fünf »Filmkunstkinos Düsseldorf«, die mitunter Kinder-Kinoprogramme zeigen und für Kindergeburtstagsfeiern zu mieten sind.

Adresse Schneider-Wibbel-Gasse/ Ecke Bolker Straße, 40213 Düsseldorf // ÖPNV U 70 – U 79 und U 83, Haltestelle Heinrich-Heine-Allee

26_DIE EISENBAHN-BRÜCKENTÜRME

Die rätselhafte Ritterburg am Rhein

Wenn man, etwa vom Hafen kommend, das Hammer Ufer rheinaufwärts schreitet, fallen sie bald ins Auge, jene beiden rätselhaften Türme unweit der supermächtigen, 9.000 Tonnen schweren Hammer Brücke, welche 1987, zum Zeitpunkt der Eröffnung, die größte Spannweite aller deutschen Eisenbahnbrücken aufwies. Doch das interessiert gerade weniger, gibt es doch ein Rätsel zu lösen: Was hat es mit jenem eingangs erwähnten Doppelturm auf sich? Sieht irgendwie aus wie eine Ritterburg, nicht wahr? Ratsuchend schweift der Blick umher – und was sieht man dort, am anderen Ufer? Das Spiegelbild der Turmanlage! Nun kommt eine Idee auf: Man denke sich beide Doppeltürme verbunden … eine alte Brücke?

Korrekt. Man steht vor dem, was die Zeit von der 1870 errichteten Ur-Brücke, dem Vorgänger der modernen Stahlkonstruktion nebenan, übrig gelassen hat. Und die Türme? Nur trutziger Zierrat im Geiste der damaligen Zeit? Nicht doch! Die Türme hatten eine Funktion, die der einer Ritterburg gar nicht so unähnlich war. Damals lag ein Konflikt mit Frankreich in der Luft. So wollte man gewappnet sein. Die Türme dienten tatsächlich dazu, etwaige unerlaubte Rheinübergänge zu verhindern.

Jetzt ist das Rätsel gelöst. Moment – was ist das denn? Da schaut ja etwas ganz Schreckliches aus dem Fenster heraus! Ein Drache! Steht man etwa doch vor einer märchenhaften Ritterburg? Oder haben sich die »Bergischen Lehnsritter«, welche die Türme als Vereinsheim nutzen, nur einen kleinen Spaß erlaubt?

Adresse Am Sandacker, 40221 Düsseldorf // **ÖPNV** S 8, S 11, S 28, Straßenbahn 706, Haltestelle Hamm

TIPP: Ein wenig rheinaufwärts, vorbei am Ruderverein, erreicht man den Spielplatz Fährstraße mit schönen Klettergeräten und einem gigantischen Spiel-Traktor.

27 _ DIE ENERGIEPYRAMIDE

Das große Mysterium am Rheinufer

Die Energiepyramide. Wow! Wie cool klingt das denn! Man denkt unwillkürlich an Sixties-Science-Fiction: Wir sind auf dem Planeten mit lila Atmosphäre, Spock steht vor jener fas-zi-nierenden Energiepyramide, in welche der Captain verschwunden ist, und betrachtet angelegentlich die Tricorderwerte. Währenddessen flirtet Kirk im Inneren der Energiepyramide mit miniberockten Galaxis-Girls, nicht wissend, dass die ganze Szenerie nur ein perfekter parapsychologischer Manipulationsapparat der Zorkonen ist … Äh, anscheinend hat es uns etwas aus der Spur getragen, entschuldigen Sie bitte!

Jene Energiepyramide, über die wir eigentlich sprechen möchten, ist ein wenig banaler als obige: Vier konzentrische Stahlrohr-Kreise am Rheinufer markieren, was Düsseldorf in der letzten Stunde so an Wasser, Strom, Erdgas und Fernwärme verbraucht hat. Soso. Von jedem der Kreise ragt ein Stahlrohr-Dreieck in die Höhe, dessen Winkelmaße exakt jenen der Cheopspyramide entsprechen. Und schließlich, na ja: Die Dreiecke drehen sich unmerklich und stehen zur vollen Stunde im rechten Winkel zueinander. Gut. Doch das eigentliche Geheimnis der Pyramide ist ein anderes: Sie macht Kindern, weshalb auch immer, Spaß. Die Kleinen hopsen in ihr herum, balancieren auf den Stahlrohren, versuchen – vergeblich –, die Zeiger zu verschieben oder die Dreiecke zu beklettern. Warum nur macht die Pyramide derart gute Laune? Völlig unverständlich. Sollten etwa doch die Zorkonen ihre manipulativen Hände im Spiel haben?

TIPP: Ein wenig weiter westlich ragt Hafenvergangenheit in die hochenergetische Gegenwart: Ein mächtiger, 1986 restaurierter Kran steht tatenlos am Rheinufer, wiewohl er – laut Aufschrift – imstande wäre, sagenhafte 30.000 Kilo zu tragen.

Adresse Parlamentsufer, 40221 Düsseldorf // ÖPNV Straßenbahn 706, 709, Bus 726, Haltestelle Stadttor

28_DIE FEUERWACHE 3

Unser Pontypandy heißt Pempelfort

In den Augen der Kinder spricht vieles, wenn nicht fast alles für die Feuerwehr. Sie hat großartige Autos mit schicken Signalfarben, obenauf ein respektgebietendes Blaulicht, dazu noch Tatü und Tata, endlos lange Leitern sowie wunderbare Wasserschläuche – großartig! Dass sich die Feuerwehr dann noch mutig in Gefahr begibt, um andere zu retten, macht sie endgültig unwiderstehlich. Keine Frage: Die Feuerwehr genießt unter Kindern höchstes Ansehen, und seit »Feuerwehrmann Sam« in Pontypandy beziehungsweise im Kinderkanal als Retter brilliert, kennt die Verehrung kaum mehr Grenzen.

Unser Pontypandy heißt Pempelfort, wo die Feuer- und Rettungswache 3 über eine besonders sehenswerte Behausung verfügt. Errichtet wurde sie 1911, der Architekt war Johannes Radke, dem Düsseldorf auch Wahrzeichen wie den Stahlhof verdankt. Hier widmet man sich nun seit über einem Jahrhundert der Brandbekämpfung. Doch nicht nur dieser: Die Feuerwehr unserer Tage ist auf vielen Feldern tätig, Pempelfort beispielsweise übt sich in Höhenrettung, der alte Schlauchturm ist in eine 20 Meter hohe Klettertrainingsanlage umgebaut worden.

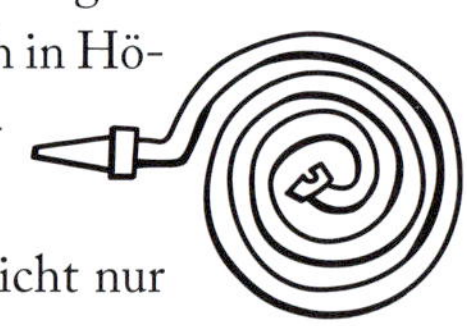

Aber das Schönste ist: Wir können die Wache nicht nur von außen bewundern, sondern auch von innen, tut sie doch – ebenso wie die acht anderen der Stadt – hin und wieder ihre Tore auf. Dabei werden die Autos samt ihren technischen Finessen präsentiert, außerdem sieht man – hochinteressant! –, was so ein Feuerwehrmann alles anziehen muss, um für den Ernstfall gerüstet zu sein.

TIPP: Beim Schwimmen ganz tief in die Vergangenheit eintauchen: Nebenan ist die Münster-Therme, die seit ihrer Rekonstruktion wieder Gründerzeit-Charme versprüht. Mal etwas anderes als all die modernen Spaßbäder!

Adresse Münsterstraße 15, 40477 Düsseldorf, Tel. 0211/8920590, www.duesseldorf.de/feuerwehr // **ÖPNV** Straßenbahn 701, 705, 707, Haltestelle Dreieck // **Öffnungszeiten** etwa einstündige Führungen an manchen Samstagen ab 11 Uhr, teilnahmeberechtigt sind Inhaber der Familienkarte, telefonische Anmeldung erforderlich // ab 4 Jahre

29_DIE FRAUENSTEINE

Ein Hauch von Stonehenge im Aaper Wald

Dieser Ort hat alles, was es braucht, um die Phantasie auf Hochtouren zu bringen. Nur wenige Meter neben dem Weg, dennoch gut verborgen im Buchen- und Birkenwald, liegen auf einer kleinen Anhöhe die mysteriösen Frauensteine. Wurden hier in vorgeschichtlicher Zeit Opfer dargebracht? Kultische Feste gefeiert? Noch heute gehen Esoteriker hier steil: Nicht wenige schwören, dass rätselhafte Kräfte zu fühlen seien.

So ist das Wunderbare an diesem Ort, dass ihn sich jeder zu eigen machen kann. Kinder, die sich an Sagen begeistern, können dem Mythos nachsinnen: Wie war das genau? Man raunt, dass hier einst, als der Rhein über seine Ufer trat, die Alten Zuflucht vor den Fluten suchten. Und bange fragten, was nur den Zorn des Stromes hervorgerufen habe. Hatte man Wodan nicht genug verehrt? Flugs gelobte man, dem Gotte einen Altar zu setzen – die Frauensteine. Oder war es so, dass sich hier in uralten Tagen die weisen Frauen trafen, um Zauberwerk zu treiben? Spüren wir sie nicht ein wenig, jene mystischen Kräfte? Sehen wir nicht die kultischen Zeichen, die unsere Ururahnen in die heiligen Steine ritzten? Oder waren das am Ende gar nicht unsere Ururahnen, sondern irgendwelche jecken Zeitgenossen vor ein paar Wochen?

Die Geologen erzählen ganz andere Geschichten: Quarzite seien die Frauensteine, festgepappter Meeressand, denn vor ein paar Millionen Jahren war hier nichts als Nordsee.

Was auch immer man sich erzählen mag, dieser Ort hat was. Die einen sagen Aura. Die anderen: Schönheit.

TIPP: Ein wenig östlich liegt das »Naturdenkmal Zementquarzite« – im Grunde dasselbe wie die Frauensteine, bloß ohne Mythos, dafür mit interessanten Hinweisen zur Geologie der Gegend versehen.

Adresse Wilhelm-Suter-Pfad, 40472 Düsseldorf // **ÖPNV** U 72, Haltestelle Oberrath

30_ DAS GEHEIMSCHLOSS BENRATH

Gänge und Gelasse im Verborgenen

Es gibt, liebe Kinder, drei Arten, das Schloss Benrath zu erleben. Die erste ist die elterliche Art: Man schreitet mit Kunstkennerblick durch die Gemächer und murmelt von Zeit zu Zeit Schlaues vor sich hin, wie etwa, dass die Gemälde alle gorisch seien oder so ähnlich.

Die zweite Art ist schon spannender: Man stellt sich vor, dass man im prachtvoll glitzernden Prinzessinnenkleid durch den festlich erleuchteten Kuppelsaal schwebt … hach, diese Pracht, und nichts müsste man mehr selbst machen, weil stets eine beflissene Dienerschaft bereitstünde! Nie wieder aufräumen, herrlich! Und da sind wir schon bei der dritten Art, Schloss Benrath zu erleben: Denn es gibt das Schloss, das alle sehen. Doch darin ist noch ein Geheimschloss, das nur Eingeweihte kennen.

Der geniale Architekt Nicolas de Pigage hatte bei der Errichtung des Baues zwei Aufgaben zu meistern: Einerseits sollte das Schloss seinen adligen Bewohnern reinsten Daseinsgenuss vermitteln. Doch andererseits musste der Betrieb auch funktionieren. Ein Heer von Bediensteten hatte all das zu tun, was fürs herrschaftliche Wohlleben erforderlich war – jedoch möglichst ohne zu stören. So errichtete de Pigage ein raffiniertes System von geheimen Gängen und Gelassen, ja selbst die Wirtschaftsflügel waren unterirdisch mit dem Corps de Logis verbunden. Bei den Führungen durch die verborgenen Räume entdeckt man dieses Schloss im Schloss – und schleicht, während unten die Prinzessin vom Festball träumt, im Geheimgang hoch oben durch die Kuppel.

TIPP: Man kann den Schlosspark bestens zu einem kleinen Picknick nutzen – das taten damals übrigens schon die fürstlichen Herrschaften, so befindet man sich in bester Tradition.

Adresse Benrather Schloßallee 100–106, 40597 Düsseldorf, www.schloss-benrath.de, Besucherservice Tel. 0211/8921903 // **ÖPNV** U 71, U 83, Haltestelle Schloss Benrath // **Öffnungszeiten** Termine für Führungen siehe Webseite, Anmeldung erforderlich // Mindestalter für die verborgenen Räume 12 Jahre

31_DIE GELBEN BERGE

Fossiliensuche auf dem Nordseegrund

Damals, in der guten alten Zeit, war manches anders: Düsseldorf hätte sich touristisch als Nordseebad positionieren können, um Menschen von weit her anzulocken … Nun, das Gedankenspiel scheitert an zweierlei Umständen: Damals gab es weder Düsseldorf. Noch gab es Menschen. Wohl aber die Nordsee, genauer gesagt: die Paläo-Nordsee, und die reichte einst tatsächlich bis hierhin.

Wir sprechen vom Oligozän, also von einer Zeit vor rund 30 Millionen Jahren. Als die Nordsee aber ihren Rückzug antrat, ließ sie etwas zurück: Meeressand. Dieser blieb dann mehr oder weniger ungestört liegen, etwa im Aaper oder im Grafenberger Wald. Nur an einer Stelle störte man seine Ruhe, und zwar heftig: Weil 1886 jede Menge Sand zum Bau von Eisenbahnanlagen gebraucht wurde, baggerte man jenen Berg an, der sich im heutigen Dreieck Quadenhofstraße/Hagener Straße befindet. Zudem interessierte sich die Industrie für den Sand: Die Gerresheimer Glashütte verdankte ihre Existenz ebendiesem Vorkommen.

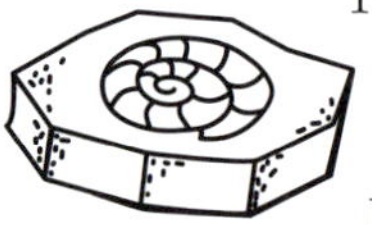

Doch bald wollte keiner mehr etwas vom hiesigen Rohstoff wissen, woanders gab es bessere. Der Sandbruch fiel dem Waldwuchs und der Vergessenheit anheim. Nur eine besondere Menschengruppe hat immer noch großen Spaß an ihm: die Fossiliensucher – denn selbstverständlich lebten in der Ur-Nordsee allerlei Schnecken und Muscheln, deren Versteinerungen erhalten geblieben sind. So können Kinder hier klettern und suchen: Wer weiß, vielleicht finden sie wirklich etwas Ururaltes! In jedem Fall aber haben sie Spaß im Wald.

Adresse Hagener Straße, 40625 Düsseldorf // ÖPNV U 73, Haltestelle Morper Straße, oder S 8, S 28, S 68, Haltestelle Gerresheim // Öffnungszeiten ab 6 Jahre

TIPP: Nach der Fossiliensuche kann man die restliche Energie auf der Spielwiese Tetragon verbrauchen, von der aus eine Riesenrutsche hinab zum Spielplatz Quadenhofstraße führt.

32_DIE GLOWING ROOMS

Per Minigolf durch die Galaxis

Minigolf ist schon eine feine Erfindung (Wer hat's erfunden? Die Schweizer, 1950). Kinder sind in der Regel sofort begeistert, kommen dann aber schnell zu einer verstörenden Erkenntnis: Mann, das sieht doch so leicht aus, man haut mit dem Schläger gegen den Ball, und dann rollt der ins Loch … Aber dann rollt der ja gar nicht in das Loch, sondern woandershin, und hey, das nervt!

Hier hilft sich jedes Kind auf seine Weise. Manche überlegen genau, warum der Schlag nicht geklappt hat, und versuchen es dann, geduldig und konzentriert, aufs Neue – äh, solche Kinder scheinen sehr selten, gibt es sie überhaupt? Andere treiben den Ball unter fortgesetzten Stupsern so lange vor sich her, bis er endlich im Loch liegt (»Eins!«). Wieder andere legen ihn gleich per Hand ins Loch (»Eins!«). Oder lügen sich ihre sieben Schläge schön (»Eins!«). Die meisten aber verlieren bald das Interesse. So ist es echt klasse, wenn der Minigolf-Parcours etwas zu bieten hat, was vom eigenen Scheitern ablenkt – etwa phantastische Schwarzlicht- und 3-D-Brillen-Effekte.

Und hiermit sind wir in den Glowing Rooms angekommen, die – Ball hin, Loch her – eine wunderbar bunt-trashige Erlebniswelt bieten. Wir sehen (anscheinend von »Star Wars« inspirierte) Planeten, Raumschiffe und Aliens, sowohl auf den Wänden als auch zu unseren Füßen. Wow! Da kann man auch einfach so herumlaufen und Spaß haben. Davon, dass Kinder diesen haben, zeugt der mitunter imposante Geräuschpegel, welcher in etwa dem eines startenden Raumschiffs gleichkommt.

TIPP: Schräg gegenüber lockt der nächste Ballsport: Die »Bowling World Düsseldorf« macht ihre Bahnen auf Wunsch auch kindgerecht.

Adresse Kettwiger Straße 6, 40233 Düsseldorf, Tel. 0211/91195986, www.glowingrooms.com // ÖPNV U75, Straßenbahn 706, Haltestelle Kettwiger Straße // Öffnungszeiten variierend, siehe Webseite; vorherige Anmeldung erforderlich; Kindergruppen Fr, Sa nur zu bestimmten Zeiten // ab 10 Jahre oder 1,40 Meter, Kinder unter 16 nur in Begleitung Erwachsener

33_DER GOLF-SPORT-VEREIN

Vom Schnuppertraining zur Weltkarriere

Golf ist ein durchwegs erfreulicher Sport, welchem hierzulande freilich immer noch irgendwie das Image des Privilegierten, womöglich gar Schnöseligen anhaftet. Im englischsprachigen Raum dagegen ist Golf Breitensport. Auch die deutschen Golfer wollen in diese Richtung gehen (außer vielleicht die Privilegierten und Schnösel unter ihnen). So macht man niedrigschwellige Angebote: Kommt her, liebe Anfänger, keine Angst, wir sind gar nicht so!

Der Golf-Sport-Verein Düsseldorf ist solch ein freundlicher Club – man pflegt das Motto »Golf für alle« und wendet sich insbesondere an den Nachwuchs. Für Kinder von sechs bis 14 Jahren bietet der GSV allsonntäglich von März bis Oktober »Schnuppertraining« an. Die ersten beiden Teilnahmen sind kostenfrei, Leihbags können gestellt werden. Wer Mitglied werden will, bezahlt einen Jahresbeitrag von 79 Euro sowie eine einmalige Aufnahmegebühr von 99 Euro. Dafür dürfen die Kleinen trainieren, bis sie das DGV-Kinderabzeichen in Gold und damit die (zunächst noch eingeschränkte) Platzreife erworben haben. Eine Investition, die sich lohnt: Erstens machen die Kleinen gesunden Sport an der frischen Luft, wobei sie zweitens den Reiz der zauberhaft am Rhein gelegenen Neun-Loch-Anlage genießen können, und drittens öffnet sich ihnen dadurch gewiss die Chance zur Weltkarriere im fürstlich dotierten Profi-Bereich … nun ja.

Den schnellen Spaß gibt es übrigens zum Super-Discount-Preis: 64 Übungsbälle von der Driving Range in die Landschaft zu wuppen kostet ganze fünf Euro.

Adresse Auf der Lausward 51, 40221 Düsseldorf, Tel. 0211/410529, www.gsvgolf.de // **ÖPNV** S 8, S 11, S 28, Straßenbahn 706, Haltestelle Düsseldorf-Hamm // ab 6 Jahre

TIPP: Das Gelände des GSV grenzt an den sandigen »Paradiesstrand« – nirgendwo ist Düsseldorf mehr Côte d'Azur als hier.

34_DAS GUT RODEBERG

Der etwas andere Reiterhof

Mit gravitätischer Ruhe steht Betty am grasbewachsenen Rand jenes schmalen Pfades, der vom Gut in den Wald führt, und man hat das Gefühl, dass Betty sich diesen Platz mit Bedacht ausgesucht hat: Hier und nirgendwo anders möchte sie stehen, einfach so stehen, und diese stille Zufriedenheit gönnt man ihr von Herzen. Auf Gut Rodeberg genießt Betty sämtliche Freiheiten. Mit 45 Jahren hat sie ein für Shetlandponys geradezu unglaubliches Alter erreicht, und da ihr Leben, bevor sie aufs Gut kam, wohl nicht durchweg erfreulich gewesen war, darf sie nun auf ihre alten Tage einiges dessen, was ihr entgangen ist, nachholen.

Betty ist die Alterspräsidentin einer Herde von Pferden, die sämtlich im Seniorenalter stehen und woanders zuweilen Unerfreuliches erlebt haben. Das Konzept des Gutes besteht darin, jene alten Pferde mit jungen Menschen zusammenzubringen. Idealerweise sollen sich die Kinder freuen, wenn es den Pferden gut geht, die Pferde, wenn es den Kindern gut geht. Damit ist Rodeberg nicht der klassische Reiterhof: Klar wird geritten, aber nicht immer und nicht auf allen Pferden – manche von ihnen vermögen keine Menschen, auch keine kleinen, mehr zu tragen. Doch kann man den Tieren noch anders nahe kommen, indem man sie im Wald spazieren führt, füttert oder kleinere Aufgaben der Stallversorgung übernimmt. Rodeberg ist ein – übrigens reizvoll gelegener – Ort, an dem Pferde und Kinder einander begegnen sollen, zum Wohle beider. Die Kinder scheinen das zu mögen. Betty auch.

TIPP: Dank des Arbeitgebers Glashütte hat es einst viele Italiener nach Gerresheim verschlagen. Der südliche Teil der Heyestraße hat nach wie vor ein italienisches Gepräge und ist wegen seiner vielen Lokale äußerst lecker!

Adresse Vennhausen 5, 40627 Düsseldorf, www.gut-rodeberg.de, www.seniorpferde-kinder.de // ÖPNV Bus 735, 737, 781, Haltestelle Gut Rothenberg // Öffnungszeiten Basiskurse, Workshops und samstags geführtes Ponyreiten im Wald // ab 5 Jahre

35_DAS HALBIERTE AUTO

Trickreiche Erlebnisse im Filmmuseum

Na ja, seien wir ehrlich: Eine echte Filmstadt ist unser lauschiges Düsseldorf nicht gerade, wiewohl wir doch einen gewissen Stolz darauf hegen, mit Luise Rainer eine Schauspielerin hervorgebracht zu haben, die gleich zwei Oscars in der Kategorie »Best Actress« abgeräumt hat (1937 und 1938).

Dass wir dennoch eins der sieben Filmmuseen Deutschlands in unseren Mauern haben, verwundert da doch ein wenig – diese Verwunderung ist uns aber völlig wurscht, weil uns hier nur eine Frage interessiert: Macht die 1993 eröffnete Sammlung Kindern Spaß oder nicht? Die Antwort ist ein fröhliches »Ja!«, wobei freilich nicht alles Ausgestellte dazu angetan ist, einen staunenden Ausdruck ins Antlitz unserer Kleinen zu zaubern. Aber vieles. Sehr beeindruckend ist zum Beispiel Pettersons Original-Küche, in der er mit Findus im Kinofilm saß. Auch nicht schlecht: Einblicke in die Tricktechnik von »Jim Knopf«. Das Coolste aber ist, dass die Kinder hier mittels Tricktechnik selbst zu Filmstars werden – und die Ergebnisse per USB-Stick mit nach Hause nehmen dürfen. Was eine Rückprojektion ist, lernen sie am Steuer eines halbierten Autos, das vor dem filmisch bewegten Hintergrund einer Straße dahinzubrausen scheint – sehr schön! Nicht minder faszinierend ist die Greenscreen-Technik: Hier agieren die Nachwuchs-Akteure vor einem grünen Hintergrund, der per Computer durch viel aufregendere Settings ersetzt wird. Zur Auswahl stehen »Dschungel«, »Raumstation« und, na ja, »Lokalzeit aus Düsseldorf«.

Adresse Schulstraße 4, 40213 Düsseldorf, Tel. 0211/8992232, www.duesseldorf.de/filmmuseum // ÖPNV U 70 – U 79 und U 83, Haltestelle Heinrich-Heine-Allee // Öffnungszeiten Di – So und Feiertage 11 – 18 Uhr // ab 6 Jahre

TIPP: Direkt vor dem Filmmuseum gibt es einen Schokker zu sehen – nein, keinen Thriller, sondern ein 1930 in den Niederlanden gebautes Aalfang-Schiff, das in einem neu errichteten Becken alten Hafen-Charme entfaltet.

36_DER HASSELER FORST

Der kompakte Multispaß-Wald

Okay, wenn es um die unmittelbaren Wald- und Wildnisfreuden geht, spielt er nicht ganz oben mit: Breite Forstwege durchziehen ihn nahezu linear, was das Naturerlebnis etwas mindert. Doch damit ist schon alles gesagt, was sich gegen den Hasseler Forst einwenden ließe – alles Übrige ist bestens dazu geeignet, Kindern gute Laune zu bereiten.

Zunächst erfreuen die wunderlichen Waldwesen, die zu entdecken enormen Spaß macht: An Wegeskreuzungen stehen lebensgroße Holzfiguren – ein mit großer Säge bewehrter Förster etwa und ein merkwürdiger Mönch … oder ist es gar ein Druide, der sich aus dunkler Vorzeit hierherverirrt hat? Großartig auch ein kleines Bänkchen, das jedes Kind, welches sich daraufsetzt, in einen wunderschönen Schmetterling verwandelt. Dann ist da noch ein Waldlehrpfad, der ins »Waldklassenzimmer« leitet. Hier kann man in der Weitsprunggrube gegen Waldtiere antreten. Mit Maus und Marder können es die meisten aufnehmen – Hase, Fuchs und Wildschwein sind schon schwerer zu schlagen, das Reh scheint nahezu unbesiegbar.

Nächste Station: der Waldspielplatz, seit seiner Neugestaltung 2011 eine echte Herausforderung für Kletterkinder, mit wunderbaren Hangel- und Balancierabschnitten sowie abschließender Seilbahnfahrt. Kleinere Besucher können sich im Sand und mit den Wipptieren vergnügen.

Die letzte Etappe führt ans Wasser. Der Elbsee lässt sich von einer 7,5 Meter hohen Plattform betrachten, der gegenüberliegende Menzelsee schließlich gehört gänzlich den Fischen und Vögeln.

TIPP: Nördlich des Forstes liegt Düsseldorfs Sommerfreizeit-Hotspot: Der Unterbacher See bietet zwei Strandbäder, einen Tret- und Ruderbootverleih, Grill- und Spielplätze, eine Minigolfanlage und mitunter massig Trubel.

Adresse 40721 Düsseldorf //
ÖPNV Bus 730, 785, 815,
Haltestelle Hassels Kirche

37_DAS HETJENS-MUSEUM

Qubba, Keramik und kreative Kinder

Das pakistanische Multan blickt auf eine ehrwürdige Geschichte zurück. Einst als »Stadt des Goldes« gerühmt, fiel es zwischen 1557 und 1739 ans Mogulreich – eine Periode des Friedens, in der Multan eine künstlerische Blütezeit erlebte, vornehmlich als Hersteller dekorativer Fliesen, mit denen dort viele Qubbas, also kuppelförmige Grabmale, geschmückt sind, und spätestens jetzt fragt man sich, was das mit Düsseldorf zu tun hat.

Ganz einfach: Womöglich sind Sie schon an einer Qubba aus Multan vorbeigegangen – steht eine solche doch im Hetjens-Museum, und zwar derart exponiert, dass man sie auch von außen bestaunen kann. Das sollte aber niemanden davon abhalten, hineinzugehen, gibt es dort noch einiges mehr zu sehen.

Laurenz Hetjens war ein Düsseldorfer Sattler mit schwerreicher Gattin. So konnte er sich ganz seiner Neigung hingeben: dem Sammeln von Keramik. Kinderlos, setzte er Düsseldorf als Erbin ein. Falls die Stadt es aber nicht hinkriegen sollte, seiner Sammlung eine angemessene Behausung zu geben, würden die Kostbarkeiten nach, horribile dictu, Köln gehen!

So haben wir nun Keramik aus 8.000 Jahren, darunter viele Preziosen aus Meissen, deren Betrachtung auch Kindern Spaß macht. Richtig steil gehen diese aber an den Familiensonntagen, wenn sie selbst, unter kundiger Anleitung und mit professionellen Materialien, kreativ werden und ihre Werke mit nach Hause nehmen dürfen. Die angebotenen Techniken sind vielfältig: Keramik, Knete, Porzellanmalerei, ja selbst Origami.

TIPP: In der Schulstraße 11 steht auf uraltem Klostergrund das Maxhaus, in dessen glasüberdachtem Innenhof ein Bistro-Café zum Verweilen lädt. Im Untergeschoss gibt es einige archäologische Funde zu sehen.

Adresse Schulstraße 4, 40213 Düsseldorf, Tel. 0211/8994210, www.duesseldorf.de/hetjens // **ÖPNV** U 70–U 79 und U 83, Haltestelle Heinrich-Heine-Allee // **Öffnungszeiten** Di, Do–So 11–17 Uhr, Mi 11–21 Uhr, Familiensonntage 14–16 Uhr // ab 6 Jahre

38_DER HIMMELGEISTER GEIST

Ein Kastanienrest mit eigener Postleitzahl

Bäume können vieles. Sie können schön sein, mächtig, erhaben, sie können blühen, Blätter tragen, Kohlendioxid zerlegen, Schatten spenden und Post empfangen … äh, wie jetzt? Nicht ernsthaft, oder?

Doch. Die Himmelgeister Kastanie konnte das. Zu diesem Zweck hatte sie eine Postanschrift erhalten, und der Postbote fuhr eigens ihretwegen einen zwei Kilometer langen Umweg. Sofern in seinem Postsack ein Brief für die Kastanie war. Und das kam nicht selten vor: Insgesamt bekam sie über 5.000 Briefe – freundliche Grüße aus allen Himmelsgegenden, manche aus Australien, von den Philippinen oder aus Aserbaidschan. Kinder schrieben ihr, weil sie Kummer hatten oder einen guten Rat brauchten. Und manchmal trug die Postsendung auch einen bekannten Namen: A-Promis wie Dunja Hayali, Didi Hallervorden, Maybrit Illner, Karl Dall, Helene Fischer, Günther Jauch und Cindy aus Marzahn sandten Grüße.

Alles war so schön. Doch dann, ach weh! 2015 ging es der Kastanie nicht gar so gut, alles nervte: die Sturmwinde, die Miniermotte, Pilze, Bakterien, doch vor allem: das Alter. Deutschlands berühmtester Baum-Statiker Lothar Wessolly eilte aus Botnang herbei – vergebens. Mitte Dezember musste das morsche Astwerk abgesägt werden. Übrig blieb ein trauriger Stumpf – bis ein Holzbildhauer sich erbarmte und aus jenem Stumpf einen zauberhaften Baumgeist namens »Jüchtwind« herausarbeitete. Seither ist wieder alles gut: Jüchtwind kann besucht werden, man kann ihm auch Briefe schreiben. Und ihm sogar auf Facebook folgen.

TIPP: Wo wir schon einmal bei Bäumen sind: Auf dem Weg zum Baumgeist passiert man, gleichfalls auf dem Kölner Weg, die riesigen, fast 150 Jahre alten Libanonzedern – ein beeindruckendes Naturdenkmal!

Adresse Kölner Weg, 40589 Düsseldorf // **ÖPNV** Bus 835, Haltestelle Alt-Himmelgeist

39_DAS HÜHNERMOBIL

Die große Versöhnung von Technik und Natur

Viele Kinder begeistern sich an technischen Geräten – andere (mitunter auch dieselben) an lieblichen Tieren. Doch geht das je irgendwo zusammen, die raffinierte Technik und die freie Natur? Nie. Außer in den Hühnermobilen des Gutes Kaiserhof.

Was ist ein Hühnermobil? Zunächst einmal ein großartiges Wort, darüber hinaus ein hinreißend einleuchtendes Prinzip. Wir Verbraucher sind ja, was das Ei angeht, einigermaßen sensibilisiert: Die Henne sollte frei herumlaufen können, zudem sollte sie sich prima ernähren, das tut ihr gut und macht leckere Eier. Nun ist der Speiseplan des Haushuhns recht vielseitig: Nebst Körnern und Kleingetier mag es frisches Grün – so sehr, dass dort, wo Hühner fressen, bald kein Gras mehr wächst. Und hier setzt das Hühnermobil ein – im Grunde ein fahrbarer Stall, der den Tieren ein komfortables Nachtquartier bietet. Morgens öffnen sich die Türen, und zwar vollautomatisch. Die Tiere schreiten aus, gehen ihrem Tagwerk nach und erfreuen sich am frischen Grün (das übrigens wunderbar gelbe Dotter macht). Wenn es dunkelt, kehren die Hühner wieder ein, die Türen schließen sich. Wenn aber das Grün ringsum kahl gefressen ist, wird der Stall kurzerhand woanders hingerollt – genial!

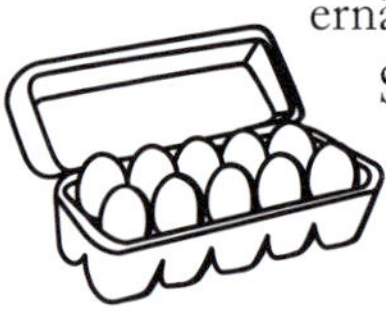

Die Eier landen im voll klimatisierten 24-Stunden-Eierautomaten des Kaiserhofs. Dort finden sich auch die aktuellen Standorte der Hühnermobile, sodass man nach dem erfolgreichen Eierkauf einen kleinen Spaziergang zu den Produzentinnen unternehmen kann.

Adresse Bockumer Straße 326, 40489 Düsseldorf, Tel. 0211/402086, www.gut-kaiserhof.de // ÖPNV U 79, Haltestelle Wittlaer, von dort kleiner Fußweg zur Haltestelle Heinrich-Holtschneider-Weg, dann Bus 760 Richtung Roßpfad, Haltestelle D-Wasserwerksweg // Öffnungszeiten Hühnermobil an wechselnden Orten; Automat 24/7

TIPP: Von der Bockumer Straße führt der Roßpfad Richtung Rhein – und zum legendären »Aschlöksken«, wo man sich Getränke, kleine Speisen sowie einen Leihstuhl besorgen kann, auf welchem man dann am Damm gemütlich Platz nimmt.

40_ DER HUNGERTURM

Das große Herz des Grafen Adelberdt

Tja, meine lieben Kleinen, ihr führt ja zweifelsohne ein supergutes Leben, nicht wahr? Aber das war nicht immer so, dass Kinder so viel Spaß hatten. Mama und Papa zum Beispiel mussten damals, als sie in eurem Alter waren, den ganzen Tag im Haushalt mithelfen. Und sie haben das gern getan … was? Wie bitte? Das glaubt ihr nicht? Weil Oma euch da ganz andere Geschichten erzählt? Nun ja … okay, schon gut. Mama und Papa hatten auch eine superschöne Kindheit. Was allerdings stimmt, ist, dass es früher, also: ganz früher, in Deutschland viele Kinder gab, denen es ziemlich schlecht ging. Doch glücklicherweise gab es auch Leute, die sich um sie kümmerten.

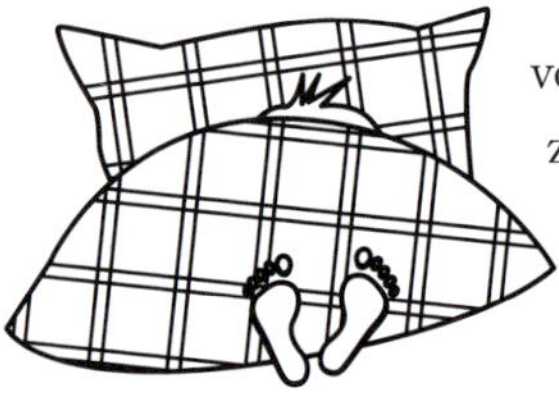

Graf Adelberdt Friedrich Karl Georg Ernst von der Recke-Volmerstein hatte nicht nur einen ziemlich langen Namen, sondern auch ein großes Herz. Vielleicht weil er als Kind oft krank und traurig gewesen war, kümmerte er sich als Erwachsener um Kinder, die kein Zuhause hatten. 1822 kaufte er ein altes Kloster, um seine Schützlinge dort unterbringen zu können. Leider ist von diesem Kloster nicht viel übrig geblieben – nur ein uralter Turm, der einen schaurigen Namen trägt: Hungerturm. Warum? Keiner weiß es genau. Manche sagen, dass Kinder einst versehentlich die Turmtür zufallen ließen und dann verhungert sind. Das ist aber wohl eine erfundene Geschichte.

Ganz oben hat der Gruselturm vier Fenster – und aus dreien davon schauen Leute heraus, die der Düsseldorfer Bildhauer Ottmar Hollmann 1990 aus Bronze gemacht hat.

Adresse Fritz-Wüst-Straße 19–23, 40237 Düsseldorf // ÖPNV Bus 834 Richtung Belsenplatz, Haltestelle Sohnstraße, oder U 72, U 73, U 83, Straßenbahn 709, Haltestelle Engerstraße // ab 6 Jahre

TIPP: Wenn man die Max-Planck-Straße hinuntergeht, findet man dort, Ecke Klopstockstraße, den kleinsten und ältesten Friedhof Düsseldorfs. Einst gehörte er zum Kloster.

41_DER IHZ-PARK

Der sensationelle Kletter- und Balancier-Parcours

Früher waren Flingern und Oberbilk industrielle Hotspots. Mittlerweile aber sind viele jener Fabriken, in denen es einst hart zur Sache ging, aus dem Stadtbild verschwunden, wobei sie brache Flächen hinterließen. Diese wiederum finden nun für allerlei andere Zwecke Verwendung. Östlich des Hauptbahnhofs, entlang der Kölner Straße, entstanden das neue Düsseldorfer Amts- und Landgericht, das »Internationale Handelszentrum« sowie – für uns interessant – der nach diesem benannte Park, für dessen Gestaltung der renommierte Landschaftsarchitekt Georg Penker verantwortlich zeichnete, der unter anderem auch die Außenanlagen der Olympischen Regattastrecke Oberschleißheim entworfen hatte.

Dieses Verdienst interessiert Kinder allerdings weniger, sie lassen, am IHZ-Park angekommen, ihre Blicke schweifen und entdecken … zunächst gar nichts, was sie interessieren könnte. Wo ist der Spielplatz? Anscheinend gibt es keinen! Doch dann erspähen sie Altersgenossen, die sich einer hochinteressanten Beschäftigung hingeben. Der Park wird nämlich von einem lang gestreckten künstlichen See dominiert, und dessen geschwungenes Westufer ist von unzähligen flachen Felsplatten eingefasst, die so arrangiert sind, dass sich ein sensationell langer Stufen-, Kletter- und Balancier-Parcours ergibt. Ob Penker das intendiert hat? Jedenfalls erfreuen sich viele Kinder hier des kleinen Abenteuers am Seeufer, mitunter argwöhnisch beäugt von besorgten Eltern: »Fall nicht hin! Und bitte schon gar nicht ins Wasser!«

Adresse Warschauer Straße, 40227 Düsseldorf // ÖPNV U 75, U 76, Haltestelle Handelszentrum/Moskauer Straße, oder U 74, U 77, U 79, Straßenbahn 706, Haltestelle Oberbilker Markt/Warschauer Straße // ab 6 Jahre

TIPP: An der nördlichen Ecke des Parks ist ein großartiger Aufgang zur Moskauer Straße, auf dem man sich, betritt man ihn leicht zeitversetzt, dank der Serpentinen gleich sieben Mal über den Weg läuft.

42_IN ORBIT

Klettern ist echt eine Kunst

Düsseldorf, die Kunstmetropole, ja ja, klar. Hier ein schönes Bildchen (gähn!), dort eine schicke Skulptur (schnarch!) – nicht gerade der Bringer für Kinder. Oder? Es gibt Ausnahmen! Im Museum K21 beispielsweise hat Tomás Saraceno eine atemberaubende Arbeit rausgehauen. Unter der Glaskuppel des Gebäudes, in 25 Meter Höhe, hat der Argentinier Stahlnetze gespannt. Okay – das wäre jetzt noch nicht der Burner, weiß man doch, dass Installationskünstler ständig irgendwelche Stahldrähte irgendwohin spannen, es ist kaum möglich, sie davon abzuhalten.

Auch dass die Stahlnetzstrukturen »In Orbit« heißen, über drei Ebenen verlaufen und in fünf luftgefüllte Kugeln, sogenannte »Sphären«, münden, lässt kein Kind vor Begeisterung jubilieren. Das könnte sich jedoch schlagartig ändern, wenn man ihm sagt, dass es da reinklettern kann … um dann aus 25 Meter Höhe durch die Maschen des Netzes in die Tiefe zu schauen.

Na, wie wäre das, meine Lieben? Doch es kommt noch besser: Dadurch, dass ihr da herumklettert, bewegt sich die Stahlnetzkonstruktion. Das heißt, ihr habt keinen festen Halt, die ganze Konstruktion schwingt, wabbelt und schwabbelt. Cool? Traut ihr euch? Prima! Denn so tut ihr was für die Kunst, werdet gar selbst zum Kunstwerk, sagt Saraceno doch: »Wenn sich keine Personen in der Arbeit aufhalten, kann man die Arbeit gar nicht sehen. Die Menschen, die sich in der Arbeit aufhalten, sind die Arbeit.«

Traut ihr euch? Doch passt auf, dass euch kein Kunstsammler kauft!

TIPP: Sehr schön ist der Ständehauspark mit dem kleinen Spielplatz, dem Kaiserteich, dem Schwanenspiegel – und natürlich Kunst: dem monumentalen »Vater Rhein« samt Töchtern sowie Nibelungenschatz, daneben die Riesenpistole PK90 von Olaf Metzel.

Adresse Ständehausstraße 1, 40217 Düsseldorf, Tel. 0211/8381204, www.kunstsammlung.de // ÖPNV U 71, U 72, U 73, U 83, Straßenbahn 706, 708, 709, Haltestelle Graf-Adolf-Platz // Öffnungszeiten Di–Fr 10–18 Uhr, Sa, So, Feiertage 11–18 Uhr // ab 12 Jahre; Anwesenheit oder schriftliche Erlaubnis des Erziehungsberechtigten sowie festes, profiliertes Schuhwerk (Trekkingschuhe) erforderlich

43_DIE KIEFERNSTRASSE

Sponti-Hände bemalen Häuserwände

Heute, liebe Kinder, wollen wir uns einmal die Kiefernstraße angucken, »das Zentrum des Terrorismus in der Bundesrepublik schlechthin«! Wie bitte? Eure Eltern finden das gar nicht so gut?

Nun, sie können beruhigt werden: Obige Einschätzung ist ziemlich alt und war zudem wohl auch ein wenig übertrieben – 1988 zitierte »Der Spiegel« so (namentlich ungenannte) CDU-Politiker. Faktum ist freilich, dass die »Kiefern« zu ihrer Glanzzeit extrem links war. Hier hatten Chris und Luiti gewohnt, die am 2. August 1986 ein Eis essen gingen – mit Frimpi, einem Premium Member der RAF. Die anschließende Verhaftung schlug Wellen, und so kam es auf der Kiefern bald zur Großrazzia.

Doch das ist lang, lang her. Mittlerweile ist die Straße anscheinend zu einer lauschigen linken Wohlfühloase geworden, in der alle – so das Selbstbild – eine »friedliche und lebendige Nachbarschaft« pflegen. Die Hausbesetzer von einst haben nunmehr Mietverträge, wofür sie der Stadt wohl irgendwie dankbar sind, und die Stadt ist den ehemaligen Hausbesetzern wohl irgendwie dafür dankbar, dass sie dankbar sind und beweisen, dass es immer eine friedliche Lösung gibt.

Wenn wir heute mit den Kindern auf die Kiefern gehen, ist uns all dies freilich eher wurscht – was den Kleinen gefällt, ist der Anblick der 200 Meter langen Street-Art-Fassade. Und was gibt es hier nicht alles zu sehen: lustige Menschen, traurige Menschen, Meerestiere, Äffchen, Krabbelkäfer, Krickelkrackel, Kreuzworträtsel, Cartoonfiguren, puren Quatsch – mehr bunt geht gar nicht!

TIPP: Wenn einen beim Betrachten der wundervollen Hausfassaden ein Hungergefühl überkommen sollte: Der »Clube Português«, an der Ecke Kiefern-/Erkrather Straße gelegen, schafft leckere Abhilfe und überzeugt durch stilvollholzhaltiges Interieur.

Adresse Kiefernstraße, 40233 Düsseldorf, www.kiefern.org // **ÖPNV** Straßenbahn 706, Bus 736, 805, Haltestelle Fichtenstraße, oder U 75, Haltestelle Kettwiger Straße

44_DIE KÖ-BABYS

Aggro-Kind telefoniert mit Opfer-Kind

Klar, das Sevens ist super, insbesondere der riesige Elektronik-Fachmarkt: Mama, Papa, ich will das hier und das, und von dem, was da so blinkt, will ich zwei, los, kaufen, und dann will ich mit diesen wunderbaren Rolltreppen immer hoch- und runterfahren!

So ist das Sevens ein idealer Ort für konsumorientierte Kinder. Freilich könnte der Aufenthalt in dieser 2000 errichteten, strotzmodernen Shoppingmall etwas teuer werden. Billiger ist es, draußen zu bleiben und kunsthistorische Betrachtungen anzustellen. Denn beiderseits des Eingangs gibt es lustige Dinge zu sehen: links eine etwas nachlässig gekleidete steinerne Frau, die ihre Hand ans Ohr hält, als horche sie aufmerksam. Rechts ihr Widerpart: ein halb nackter Herr, der sich sein Handtuch dorthin hält, wohin sich ein halb nackter Herr, dem ein Rest Scham verblieben ist, sein Handtuch hält. Auch der Herr lauscht, wobei das, was er vernimmt, offenbar seinen Unmut erregt: »Was? Was willst du denn?«, scheint er zu sagen oder Vergleichbares.

Zu den Füßen der Erwachsenen kauert jeweils ein nacktes Baby. Das Mama-Baby schaut (wie jene) eher duldsam, das Papa-Baby (wie jener) eher aggro. Beide Babys halten ein Uralt-Telefon.

Des Rätsels Lösung: Lange vor dem Sevens war an dieser Stelle die Königliche Post samt Pferdestation und Wirtshaus. 1864 kam Hightech hinzu: der Telegraf. Und 1925 wurde neu gebaut: Ein Fernsprechamt musste her! Für dieses schuf der Bildhauer Carl Neuhaus jene beiden Skulpturen, die nun am Einkaufszentrum ihr 100-jähriges Telefonat fortsetzen.

Adresse Königsallee 56, 40212 Düsseldorf // **ÖPNV** U 70, U 74–U 79, Straßenbahn 701, 705, 706, Haltestelle Steinstraße/Königsallee // ab 6 Jahre

TIPP: In der anschließenden Kö-Galerie gibt es einen Steiff-Shop, wo man allerlei Plüschtiere bestaunen kann – beileibe nicht nur Teddybären, sondern auch zauberhafte Einhörner und dergleichen.

45_DAS LABYRINTH

Ein Buschwerk, das es in sich hat

Die Welt ist voller Rätsel, und eines davon kann man im Südpark, etwas südlich des Akki, bestaunen: eine kreisrunde, unscheinbar anmutende Hecke, die es allerdings in sich hat. Um jedoch das, was sie in sich hat, zu entdecken, muss man sich tollkühn ins Innere des Buschwerks begeben, was dank kleiner, torgleicher Aussparungen möglich ist. Allerdings führt kein direkter Weg ins Zentrum, nein: Man muss sich zunächst hart seitlich orientieren, bevor eine Haarnadelkurve dazu nötigt, sich in die Gegenrichtung zu bewegen … herrje: Die Außenwelt ist ja völlig verschwunden, ringsherum ist alles ganz grün! Es bleibt nichts übrig, als dem schmalen Weg, der ins Ungewisse führt, zu vertrauen. Dass in diesen Weg stählerne Gegenstände unbestimmbarer Form und Funktion eingelassen sind, mehrt die Verwirrung nur noch. Ob das wohl gut geht?

Keine Angst, es wird gut gehen. Früher oder später wird die Mitte, markiert durch eine von unbefugten Händen mit allerlei Graffiti verzierte Metallstele, erreicht sein. Dann geht's auf demselben (oder für Abenteuerlustige: auf dem anderen) Weg zurück.

Ein Labyrinth macht immer mächtig Spaß. Schon in den Gärten des Barocks erfreuten sich Menschen daran, auf drolligen Umwegen zum Ziel zu gelangen. Was bei unserem Labyrinth hier übrigens gewährt ist: Man erreicht unweigerlich die Mitte – anders als beim Irrgarten, welcher Sackgassen und dergleichen Gemeinheiten aufweist, was ihn – vergleiche Kubricks »Shining« – für fröhlichen Familienspaß eher untauglich macht.

TIPP: Kinder, die hoch hinauswollen, finden auf dem Seilspielplatz, der etwas westlich des Labyrinths zwischen den Kleingärten liegt, eine prickelnde Herausforderung – hier kann man schwindelerregende Höhen erklimmen!

Adresse Südpark, unweit Siegburger Straße 25, 40591 Düsseldorf // ÖPNV U 74, U 77, U 79, Haltestelle Kaiserslauterner Straße // ab 6 Jahre

46_DER LANTZ'SCHE PARK

Planespotting unter Mammutbäumen

Hach! Welch zauberhafte Oase des Friedens! So fern der Stadt, so nah der Ruhe. In den Wipfeln der uralten Bäume spielt ein linder Hauch, und die vielen fröhlichen Vöglein lassen ihren lieblichen Sang erklin – WOOOOAAAAARRRRFFFFÜÜÜÜÜÜÜÜÜÜÜIIII!!!!! – so, es war gerade ein wenig laut, genauer gesagt: nachgerade infernalisch laut, weil dieser fette vierstrahlige Jet knapp über Kopfhöhe entlanggeballert ist … aber jetzt sind die Vögelchen doch wieder prima zu hören.

Damit ist im Grunde alles über den Lantz'schen Park gesagt. Wer die sanfte Stille der Natur genießen will, kommt hier durchaus auf seine Kosten – minutenweise, bis der nächste Airbus vom nahen Flughafen Lohausen »Boeing!« macht. Für die Kinder aber ist es absolut grandios: Welcher andere Park bietet schon eine derart beeindruckende Dauerflugschau?

Dabei ist Planespotting nicht alles, was man hier tun kann: Die schöne Mischung aus Wald und Wiese lockt zu Erkundungsgängen, bei denen man einiges entdecken kann. Etwa die kleine, leider verschlossene Kapelle mit ihrer künstlichen Grotte … spooky, spooky! Oder die Ruinen des Bunkers aus dem Zweiten Weltkrieg. (Wer findet den Weg, der aufs Dach führt?) Oder die Skulpturen des Parks? Den leeren Sockel, den man für ein Foto erklimmen kann? (Daneben haut aber Perseus das Haupt der Medusa ab – nicht jedermanns Sache!) Einen Spielplatz hat der Lantz'sche Park selbstverständlich auch; dessen Kletterbereich ist nicht schlecht, der Rest so lala, und da ist auch schon der nächs – WOOOOAAAAARRRRFFFFÜÜÜÜÜÜÜÜÜÜIIII!!!!!

TIPP: Nördlich des Lantz'schen Parks bietet die »PonyPonderosa« ihre Dienste an. Hier gibt es unter anderem einen Pferdeverleih und geführte Ausritte für Kinder.

Adresse Lohauser Dorfstraße 51, 40474 Düsseldorf // **ÖPNV** Bus 760, Haltestelle Lohausen Kirche, oder U 79, Haltestelle Lohausen

47_DAS LIBRARYLAB

Der Hightech-Warteraum am Hauptbahnhof

Tja, manche Menschen mögen sie ja vielleicht, die turbulente Dynamik des Hauptbahnhofs – anderen geht sie, gerade bei längeren Aufenthalten, ziemlich auf die Nerven. Da jedoch der Zustand unserer ehedem glorreichen Bahn mittlerweile etwas desolat ist, wird der Reisende mitunter genötigt, sich übermäßig lang auf jenem Bahnhof aufzuhalten. Das nervt mächtig, besonders wenn man mit Kindern unterwegs ist. Doch glücklicherweise gibt es Hoffnung, dem Inferno zu entrinnen – weiß man doch: Wo aber Nerverei ist, wächst das Rettende auch!

Und wie rettet man sich? Ganz einfach: Man verlässt den unwirtlichen Bahnhof, überquert beherzt den Bertha-von-Suttner-Platz, schreitet durch das Zauberportal – und schon umfängt einen die stilvolle, kultivierte Ruhe der Düsseldorfer Zentralbibliothek. Mamas und Papas können sich, bequem sitzend, den aktuellen Presseerzeugnissen sowie dem ewigen Kulturgut Buch widmen, während der Nachwuchs die pädagogisch wertvollen Spiel-, Hör- und Leseangebote der Kinderbücherei genießt.

Äh? Wie bitte? Der Nachwuchs pfeift auf pädagogische Wertgegenstände? Und will lieber zocken, an der Konsole, aber dalli? Nun – kein Problem! Die Stadtbibliothek geht mit der Zeit und hat eine Hightech-Zone namens »Library-Lab« errichtet. Hier kann man wunderbar spielen, surfen und virtuelle 3-D-Welten durchforschen.

TIPP: Direkt vor dem Hauptbahnhof, an der Friedrich-Ebert-Straße, steht ein Mann auf einer Litfaßsäule und fotografiert die Ankommenden – einer von zehn »Säulenheiligen« des Künstlers Christoph Pöggeler. Wer entdeckt die anderen neun in der Stadt?

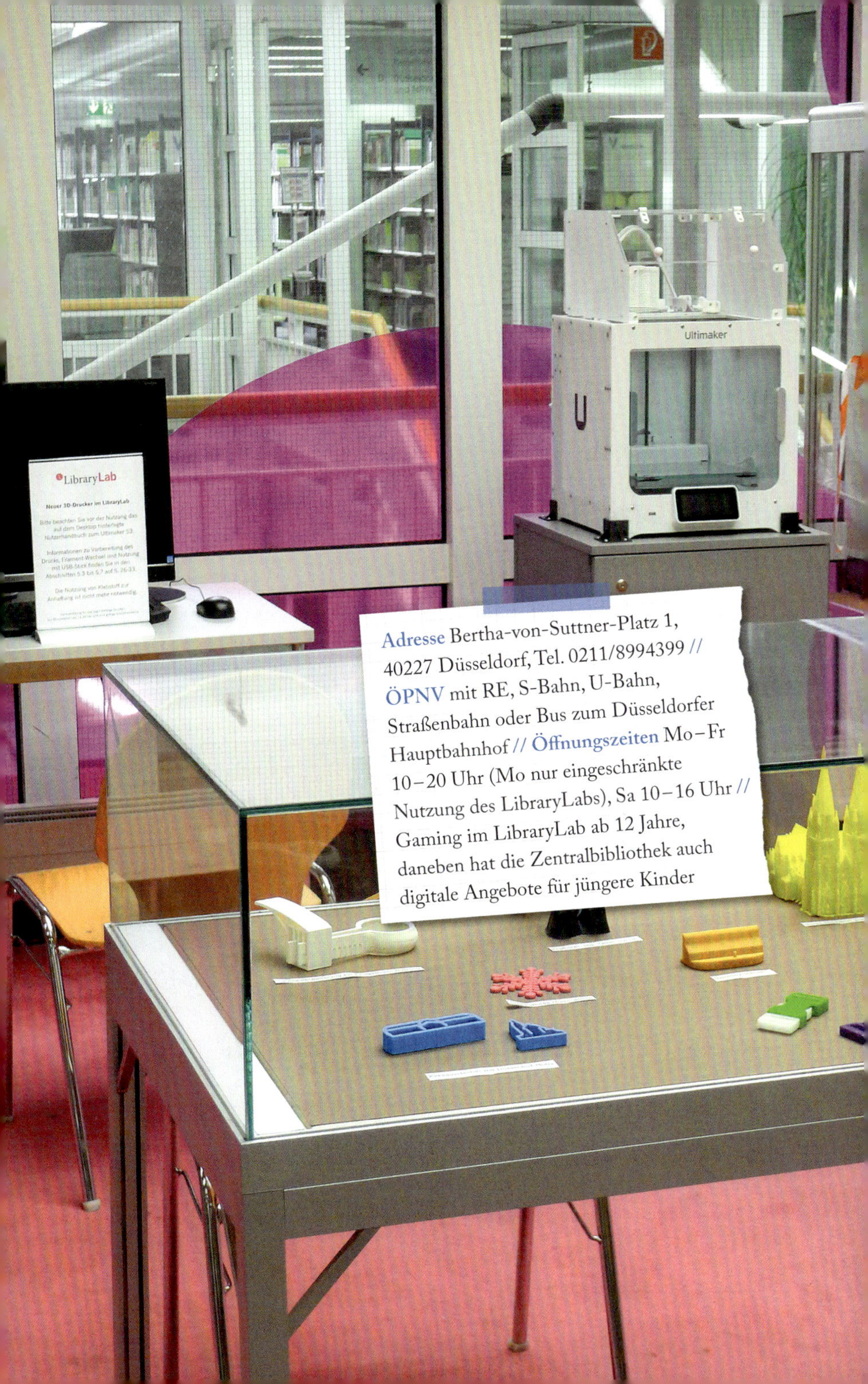

Adresse Bertha-von-Suttner-Platz 1, 40227 Düsseldorf, Tel. 0211/8994399 // **ÖPNV** mit RE, S-Bahn, U-Bahn, Straßenbahn oder Bus zum Düsseldorfer Hauptbahnhof // **Öffnungszeiten** Mo–Fr 10–20 Uhr (Mo nur eingeschränkte Nutzung des LibraryLabs), Sa 10–16 Uhr // Gaming im LibraryLab ab 12 Jahre, daneben hat die Zentralbibliothek auch digitale Angebote für jüngere Kinder

48_DER LUFTSCHUTZ-KELLER

Ein Ort, an dem das Böse war

Wie heil ist die Kinderwelt? Sicherlich ist diese Frage nicht leicht zu beantworten. Vielleicht hat jedes Kind den Verdacht, die Befürchtung, die Gewissheit, dass neben all dem Lieben und Guten, was es umgibt, auch irgendetwas Böses in der Welt ist. Dieser Ort hier spricht von einem Bösen, das war, und die Ausstellungsmacher richten sich ausdrücklich an »Kinder, Jugendliche und junge Erwachsene«.

»Düsseldorfer Kinder und Jugendliche im Nationalsozialismus« heißt die Dauerausstellung, in der jene Zeit am Beispiel von Biografien dargestellt wird. Uns begegnen die Opfer: rassisch, religiös und politisch Verfolgte, Zwangsarbeiter, Homosexuelle. Doch uns begegnen auch jene Kinder und Jugendliche, die nach damaligen Maßstäben als »normal« galten, wobei wir rasch erkennen, dass die Normalität jener Tage voller Schrecknisse war: Der Krieg griff auch nach den Kindern.

Das wird ganz besonders erfahrbar, wenn wir den Weg nach unten gehen. Wir befinden uns im »Stadthaus«, welches eine wechselvolle Geschichte hinter sich hat. Erbaut wurde es im 17. Jahrhundert als Jesuitenkolleg. Während der NS-Zeit quartierte sich das Grauen ein: Polizei, Gestapo und SS. Im Zweiten Weltkrieg wurden die Keller als Luftschutzräume ausgebaut – und diese Räumlichkeiten haben sich nahezu authentisch erhalten. So bekommen wir, dort unten in der trüben Düsternis, eine Ahnung davon, wie es damals gewesen ist, damals, als die Bomben fielen, auf alle, auch auf die Kinder.

TIPP: Am Ende der Mühlenstraße ist die Kunsthalle, an deren Außenfront sich eine Absurdität findet: ein völlig funktionsloses Ofenrohr namens »Das Schwarze Loch«, geschaffen 1981 von Joseph Beuys.

Adresse Mühlenstraße 29, 40213 Düsseldorf, Tel. 0211/8996205, www.gedenk-dus.de (Förderverein) // ÖPNV U 70 – U 79 und U 83, Haltestelle Heinrich-Heine-Allee // Öffnungszeiten Di – Fr, So 11 – 17 Uhr, Sa 13 – 17 Uhr // ab 10 Jahre

49_MANNS WASSERSPORT

Düsseldorfs Port zum Ozean

Klar, Düsseldorf ist eine Einkaufsstadt und hat wunderbare Schaufenster zu bieten, die Kö ist gerade einmal ein paar Meter entfernt – aber mal ehrlich: Verglichen mit dem, was wir hier sehen, haben Cartier und Konsorten doch keine Chance. Zumindest bei Kindern. Denn was Manns dem Passanten präsentiert, ist eine virtuos komponierte Assemblage zum Thema Fischfang und Bootsbedarf. Hier finden sich ungeheuer nützliche Dinge, die kein Skipper, kein Angler je missen möchte, dazu zählt auch die entsprechend funktionale oder schick-maritime Bekleidung. Bestens exponiert auch die wunderbaren Taschenmesser sowie die nicht minder faszinierenden Taschenlampen, diese Bereiche des Schaufensterglases sind oft mit sehnsuchtsvollen Kindernasenabdrücken markiert.

Dann gibt es da noch nautische Dekostücke und schließlich die völlig erratischen Objekte, die keiner vermutet hätte, die man aber dennoch spontan kauft, weil man so was doch immer gebrauchen kann – etwa ein Samurai-Schwert. Kurzum: Manns ist einerseits ein Geschäft für äußerst vernünftige Dinge, andererseits eines für nicht ganz so vernünftige, und diese Mischung macht die Magie. Entstanden ist sie geschichtlich: 1845 begann man als Seilmacher, dann kamen Angel- und Bootsbedarf hinzu, schließlich die etwas skurrilen Dinge. Wenn man sich von der Außenansicht losgerissen hat, sollte man das Innere erkunden. Gewiss findet Ihr Kind hier etwas, was es glücklich macht. Hoffentlich ist es nicht gerade das Samurai-Schwert.

TIPP: Der Markt auf dem nahen Carlsplatz ist selbstverständlich auch für Kinder ein Erlebnis – immerhin gibt es ja allerlei Leckereien wie Lakritz, Eis und süßes Gebäck.

Adresse Benrather Straße 7b (Eingang Hohe Straße), 40213 Düsseldorf, Tel. 0211/133811, www.manns-wassersport.de // **ÖPNV** U 71, U 72, U 73, U 83, Haltestelle Benrather Straße // **Öffnungszeiten** Mo–Fr 10–18.30 Uhr, Sa 10–17 Uhr // ab 6 Jahre

50_DER MEGAZOO

Liebliche Tierchen zum Anschauen (oder Mitnehmen)

Zu den zauberhaften Eigenheiten unserer Stadt gehört jene, dass wir zwar ein Zooviertel haben – nicht aber einen Zoo. In jenem Viertel (offiziell heißt es »Düsseltal«) gibt es sogar einen Zoopark, welcher allerdings weithin frei von Tieren ist. Einst hatte sich hier tatsächlich ein Zoo befunden, einer der schönsten Deutschlands gar. Doch dann kam das Jahr 1943, in dem … nun, das ist eine Geschichte für sich, und zwar eine traurige.

Was aber tun Düsseldorfer Kinder, die Tiere sehen wollen? Erstens lassen uns unsere Nachbarn Wuppertal, Duisburg und Krefeld gern in ihre sehenswerten Zoos hinein. Zweitens setzt der Düsseldorfer Aquazoo ja zumindest den maritimen Teil der Düsseldorfer Tier-Tradition fort. Und drittens haben wir den Megazoo!

Unter nämlichem Namen firmiert ein großes Zoogeschäft, in welchem den Besucher – so die Website – eine »Erlebniseinkaufwelt« erwartet. Und in der Tat macht es großen Spaß, sich hier die kleinen, pelzig-puscheligen Nagetierchen anzuschauen. Oder die zauberhaft bunten Fischlein. Oder die lieben Piep-Piep-Vögelchen!

Kurzum: Dieser Laden hat wirklich alles, was es braucht, um Kinderaugen leuchten zu lassen. Also auf in den Megazoo! – Äh, halt: Umsichtige Eltern legen sich zuvor ein paar Notfall-Konzepte zurecht, um den gängigen Kinderargumenten begegnen zu können (»Ich kauf das von meinem Taschengeld!«, »Ich verspreche, den Käfig immer sauber zu machen! Immer!«, »Wenn du mir das nicht kaufst, frag ich Oma! Die hat mich nämlich wirklich lieb!«).

TIPP: In der Nähe lohnt der Spielplatz Merkurstraße/Im Dahlacker einen Besuch. Es herrscht eine angenehme Atmosphäre, Klettern und Matschen bestens, zudem gibt's eine sehr lange Seilbahn.

Adresse Suitbertusstraße 137, 40223 Düsseldorf // **ÖPNV** U 72, Haltestelle Suitbertusstraße // **Öffnungszeiten** Mo – Sa 9.30 – 20 Uhr

51_ DER MENHIR

Nirgendwo ist Düsseldorf älter als hier

Na gut, wenn man vor ihm steht, fragt man sich schon ein wenig, warum man den Weg auf sich genommen hat. Da ist er nun, mit seinen eher kümmerlichen 170 Zentimetern, halb in die Hecke hineingeschoben, fast als schämte er sich seiner. Mitunter gar liegt achtlos hingeworfener Müll bei ihm. Und so was soll sehenswert sein?

Klar, für kleine Kinder ist er nichts, die etwas größeren aber mag er faszinieren – stellt er doch das älteste Monument dar, das Düsseldorf zu bieten hat! Errichtet wurde er vor 3.500 bis 4.000 Jahren, also in der Bronzezeit. Von wem? Keiner weiß es. Germanen? Oder Kelten? Letztere sind für ihre vielen Menhire bekannt. Für »Kelten« und »Menhire« gibt es jeweils andere, dem Jetztmenschen viel geläufigere Wörter: »Gallier« und »Hinkelsteine«.

Also sind wir nun im Comic? Alles ganz lustig? Kaum. Denn unser Menhir hier in Kaiserswerth hat eine düstere Aura. Wozu diente er? War er ein Gerichtsstein, litten hier Missetäter? Oder betete man einen heidnischen Gott an? 1078 wurde unweit des Steines die Kirche St. Georg errichtet. Fürchtete man den Stein, wollte man das Böse bannen, dem Dämonenwerk etwas Christliches entgegensetzen? Uralt ist er, der Menhir von Kaiserswerth, und geheimnisumwittert. Doch die Gegenwart achtet ihn gering: In den 50er Jahren wurde er – aus verkehrstechnischen Gründen – an seinen jetzigen Standort versetzt, wo er nun, in wenig würdiger Umgebung, der kommenden Zeiten harrt. Was mögen sie ihm bringen – ihm, der schon so viel gesehen hat, so viel, von dem wir gar nichts wissen?

TIPP: Einen kulinarischen Ausflug in die Hauptstadt bietet der »Berliner Imbiss Kaiserswerth« am Klemensplatz: Hier serviert man Currywurst beziehungsweise -bulette mit Brötchen oder Pommes.

Adresse Zeppenheimer Weg, 40489 Düsseldorf // **ÖPNV** U 79, Bus 728, 749, 751, 760, Haltestelle Klemensplatz // ab 8 Jahre

52_DER MEROWINGERPLATZ

165 pulverbeschichtete Recycling-Aluminiumfüße

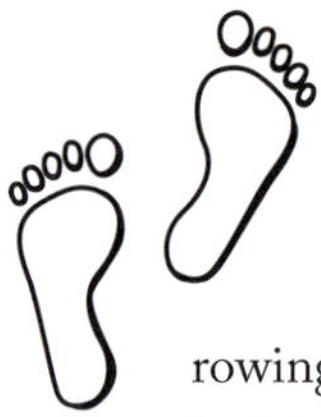

Der Merowingerplatz besteht im Grunde nur aus einem Kreisverkehr, etwas Rasen und ein paar Bäumen. Dennoch ist es gut, dass es ihn gibt, gewährt er doch einen ungehinderten Verkehrsfluss zwischen Merowinger-, Ulenberg- und Chlodwigstraße. Zudem aber hat der Merowingerplatz großen Unterhaltungswert: Gerade Kinder erfreuen sich daran, dass die ihn umgebenden Absperrketten nicht einfach nutzlos in der Gegend herumhängen – sondern 165 bunte Füße tragen. 165 pulverbeschichtete, aus recyceltem Aluminium gegossene lebensgroße Füße, jawohl.

Das ist einzigartig. Einen solchen Kreisverkehr gibt es nirgendwo sonst in Düsseldorf, ach was: auf der Welt! Also kann man sich eine Zeit lang bedenkenlos an den Buntfüßen erfreuen. Dann aber drängt sich eine Frage auf: Warum hängen hier 165 bunte Aluminiumfüße? Auf derlei Fragen lautet die Antwort meistens: weil es Kunst ist.

Geschaffen wurde die »Fußgängerskulptur« 2000 vom Bildhauer Till Hausmann. Seither gemahnt sie (und der zugehörige Riesenfuß am nahen Kreisverkehr Himmelgeister/Moorenstraße) an die – so der Künstler – »Situation des Fußgängers in Zeiten des motorisierten Straßenverkehrs«. Nun denn.

Ungewöhnlich sind die Füße allemal. Und offenbar regen sie die Phantasie der Kinder an. Denn nicht selten gewahrt man, dass der eine oder andere Buntfuß mit Papas ausrangierten Socken, Schuhen gar ausgestattet wurde. Und ist es nicht schön, wenn Kunst im öffentlichen Raum ein Eigenleben entfaltet und Kinder zu kreativen Leistungen inspiriert?

TIPP: Die Ulenbergstraße runter Richtung Aachener Platz laufen, dann rechts in die Aachener Straße einbiegen, und schon ist man bei Unbehaun, wo seit über 100 Jahren leckeres Eis verkauft wird. Kult!

Adresse 40225 Düsseldorf // **ÖPNV** Straßenbahn 701, 706, Bus 827, 835, 836, Haltestelle Moorenstraße // ab 4 Jahre

53_DER MESSEPARKPLATZ P1

Die 1.000 Trödelstände von Stockum

Die Düsseldorfer Flohmarktwirtschaft floriert bestens, wobei das Geschehen von den Big Three dominiert wird: Der »Aachener Platz« (jeden Samstag, tatsächlich an der Ulenbergstraße) punktet durch sein mitunter das Merkwürdige streifende Warenangebot und die nach wie vor günstigen Preise. Der »Radschlägermarkt« (einmal pro Monat sonntags auf dem Blumengroßmarkt Ulmenstraße) begeistert vorwiegend die Sammler schöner alter Dinge. Was jedoch die Kindertauglichkeit angeht, so gebührt die Krone dem »P1«, welcher auf ebenjenem Parkplatz der Messe Düsseldorf stattfindet. Hier geht es, den breiten Gängen sei Dank, recht entspannt zu – kein Rempelstress für die Kleinen. Zudem hat der P1 eine hohe Familiendichte. Viele Mamas und Papas verkaufen Klamotten, aus denen ihre Kinder herausgewachsen sind, der Nachwuchs indes trennt sich aus Altersgründen vom Spielzeug, Tiptoi-Buch oder Kickboard.

Der P1 ist elastisch angelegt, das heißt seine Größe variiert je nach Händleraufkommen, und dieses wiederum ist wetterbedingt. Wenn die Sonne scheint, nimmt der P1 überwältigende Ausmaße an – 60.000 Quadratmeter, mehr als 1.000 Stände –, da kann man schon einmal an seine körperliche Grenze kommen. Doch glücklicherweise sorgen die Veranstalter für ein opulentes Getränke- und Speise-Angebot. So kann man neue Kraft schöpfen und neue Pläne schmieden: »Eigentlich, Papa, könnte ich doch meine Legos, die Duplos, verkaufen, die brauch ich doch nicht mehr, sollen wir uns nicht auch mal hierhinstellen?«

Adresse 40474 Düsseldorf, Tel. 0201/8942111, www.expo-concept.de/TM_P1 // **ÖPNV** U 78, Haltestelle Arena/Messe Nord, von dort Gratis-Shuttlebusse zum Marktgelände // **Öffnungszeiten** etwa einmal pro Monat sonntags, im Winter Pause // ab 4 Jahre

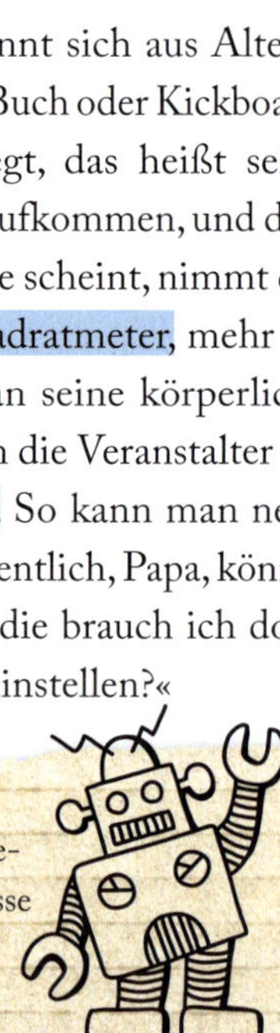

TIPP: Badevergnügen das ganze Jahr hindurch: Das Rheinbad besteht aus einem Freibad mit rund 2.000 Quadratmetern Wasserfläche und einem Hallenbad mit einem auf 28 Grad Celsius temperierten Vierjahreszeiten-Außenbecken.

54_MÜLLERS WIESE

Wir klettern im Wald, Version 2.0

Kletterabenteuer in der Wildnis des Waldes … Da stellen sich Bilder ein, die man womöglich irgendwo – im Buch, im Film, im Comic – gesehen hat, vielleicht gar in natura, damals, als man selbst noch klein war: Kinder, die mit eichhörnchenhafter Behändigkeit in schwindelerregender Höhe von Ast zu Ast gleiten, keine Gefahr scheuend, auf der Suche nach der finalen Herausforderung, hey, der Ast da ganz oben, der biegt sich ja ganz schön durch, der wird doch nicht etwa … oje – »knacks«!!!

Nun, so spannend sich derlei Abenteuer als Erzählung auch ausmachen, so ungern möchte man, dass sie unter Beteiligung des eigenen Kindes stattfinden. Andererseits fände man es natürlich auch großartig, wenn die Kleinen nicht nur im Kinderzimmer vor ihren Endgeräten kauerten, sondern tatsächlich im wunderschönen heimischen Mischwald an frischer Luft ihre Kletterkünste erproben würden. Nur eben ohne »knacks«, »aua«, »tatütata« und dergleichen dramatische Höhepunkte. Sondern irgendwie sicher – also schon abenteuerlich, aber bitte ohne abenteuerlichen Ausgang.

Das klingt nach Quadratur des Kreises, ist aber dennoch möglich: Müllers Wiese ist ein wunderbarer, von mächtigen Buchen und Eichen umstandener Spielplatz am Rand des Aaper Waldes (und in der Nähe eines gut bestückten Büdchens). Auf 8.500 Quadratmetern findet sich Spielgerät aller Art – zuvorderst aber eine XL-Kletterlandschaft, die keine Wünsche offenlässt: Taue, Tunnel und Hangelgirlanden sorgen für Spaß ohne Ende – und ohne »knacks«.

TIPP: Im Aaper Wald ist auch die Segelflug-Abteilung des Düsseldorfer Aero-Klubs ansässig. Hier kann man den Fliegern zuschauen – oder sogar per Gastflug selbst abheben.

Adresse Dachsbergweg, 40472 Düsseldorf // ÖPNV U 72, Haltestelle Oberrath, oder S 6, Haltestelle Düsseldorf-Rath

55_DIE MUTPROBEN-FENSTER

Die 960 Stufen zur Furchtlosigkeit

Der Rheinturm – ein echter Geheimtipp! Wer es geschafft hat, das etwas versteckt gelegene Bauwerk zu entdecken, wird sich seiner zarten Grazie kaum entziehen können … Ja, ja, schon gut: Jeder kennt den Rheinturm, er ist omnipräsent, nicht zuletzt dank all des lokalpatriotischen Glumperts, das sein Abbild ziert. Er ist Symbol unserer Stadt, und das zu Recht, weiß seine edel proportionierte Gestalt doch durchaus das Auge zu erfreuen. Besonders jenes der Kinder, gilt für diese doch der Grundsatz: *Size does matter!* Was groß ist, ist großartig, und hier stellt der Rheinturm mit seinen 240,5 Metern alles in den Schatten.

Und nun? Man kann den Turm von unten bewundern, seinen Kindern die streng logische Lichteruhr erklären: »Ganz einfach, also die einen Lichter stehen für die Stunden, oder nein, also die anderen, also wenn da eine leuchtet, äh – was meint ihr, sollen wir nicht hoch?«

Oh ja! Die Aussichtsplattformen und das Café erreicht man mittels einer Liftfahrt, die knapp eine Minute währt. Kinder, die Spaß am Abwegigen haben, können alternativ auch die 960 Treppenstufen nehmen. Geheimtipp: Treppab geht es etwas leichter als treppauf. Das altüberkommene Kultritual für Düssel-Kinder ist es jedoch, sich oben auf die schräg nach unten weisenden Fenster zu legen, welche aus hauchdünnem, fragilem Zierglas – nein, kleiner Scherz: aus dickem Panzerglas hergestellt sind. Höhenängstliche Eltern, die das vielleicht nicht so gern nachmachen möchten, sollten sich zeitig glaubwürdige Ausreden einfallen lassen.

Adresse Stromstraße 20, 40221 Düsseldorf, www.rheinturm.de // ÖPNV Straßenbahn 706, 708, 709, Haltestelle Landtag/Kniebrücke // Öffnungszeiten Aussichtsebene: Mo–Do 14–23 Uhr, Fr 14–24 Uhr, Sa 12–24 Uhr, So 12–23 Uhr; Qomo: So–Do 17.30–23 Uhr, Fr, Sa 17.30–24 Uhr // ab 4 Jahre

TIPP: Am Fuß des Rheinturms erinnert ein ausrangierter Anker daran, dass das Land NRW einst mit dem Zerstörer »Mölders« der Bundesmarine verpartnert war – eines der wenigen Kriegsschiffe, die aufgrund einer defekten Fritteuse in Brand gerieten.

56_DER NAPOLEONSBERG

Danke, Herr Kaiser, dass wir hier rodeln können!

Über manches, was in der Zeitung steht, muss man sich ärgern, mitunter auch noch ein halbes Jahrhundert nach der Veröffentlichung. »Es gibt in den Anlagen Düsseldorfs einen Napoleonhügel«, war 1972 in der »Zeit« zu lesen, »der etwa 75 Zentimeter über dem Straßenniveau liegt.« Wir Düsseldorfer erschaudern ob dieser Frechheiten! Erstens ist unser »Napoleonhügel« ein Napoleonsberg! Und zweitens: »75 Zentimeter«? Ha! Deutlich höher!

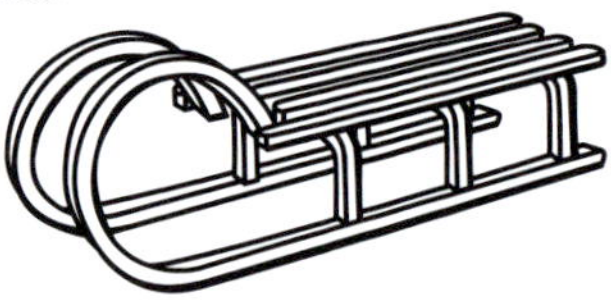

Man kann dem Autor Hans Rothe vielleicht zugutehalten, dass er ironiebegabt war und dass es ihm eigentlich um das etwas merkwürdige Denkmal ging, das man einem anderen Ironiebegabten, nämlich Heinrich Heine, auf diesem Napoleonsberg gesetzt hatte. Wir jedoch betrachten diese Erhebung im Hofgarten nicht unter literarischem, sondern unter kindlichem Aspekt – und da macht sie jede Menge Spaß, bietet sie doch in einer ansonsten eher platten Umgebung die Möglichkeit, irgendwo rauf- und runterzulaufen beziehungsweise zu fahren. Seinen einzigartigen Wert aber gewinnt der Napoleonsberg im Winter, wenn er den innerstädtischen Flachlandkindern eine Top-Rodelmöglichkeit bietet, für die wir dem Kaiser wirklich dankbar sind.

Denn der Napoleonsberg geht tatsächlich auf den gleichnamigen Korsen zurück. 1811 besuchte er Düsseldorf und dekretierte die »Verschönerung« der Stadt: neues Hafenbecken ausheben, Hofgarten pimpen! Gartenarchitekt Weyhe kam die geniale Idee, den Aushub in den Park zu kippen – fertig war der Berg, über den Düsseldorfs Kinder sich bis heute freuen!

Adresse Hofgarten, 40479 Düsseldorf // ÖPNV Straßenbahn 701, 705, 706, Haltestelle Sternstraße

TIPP: Im südlichen Hofgarten ist die »Goldene Brücke«, Düsseldorf älteste Fußgängerbrücke, die ihrem Namen alle Ehre macht: Die Verzierungen an Stahlträgern und Geländer sind tatsächlich mit echtem Blattgold belegt.

57_DAS ÖKOTOP

Hier ist die Welt wieder in Ordnung

Wenn man durchs Ökotop Heerdt spaziert, hat man das Gefühl, dass die Welt doch in Ordnung ist: Die Atmosphäre ist friedlich, gesund und naturnah. Wohl dringt hier und da noch ein ferner Lärm der Großstadt durch, doch das ist zu vernachlässigen. Offenbar sind wir dem Moloch entronnen.

Die Macher des Ökotops scheinen das durchaus ähnlich zu sehen, man begreift sich, so zu lesen auf der Website, als »ganzheitliches, ökologisches und soziales Pilotprojekt«, in dem »Menschen, Pflanzen und Tiere auf dem gegebenen Grundstück von 16 Hektar einen gemeinsamen Lebensraum« erhalten sollten. Wir Menschen können in jenem Teil des Lebensraums, der als öffentliche Grünfläche ausgewiesen ist, spazieren gehen, dort auf Bänken Platz nehmen und das Dasein genießen – wir können aber auch bewundern, was das Ökotop alles für Tiere und Pflanzen leistet. Denn überall finden sich Tafeln, die erklären, was an dieser Stelle gerade ökologisch vorgeht: Die Totholzhecke erfreut Vögel und kleine Säuger, die Trockenmauer gleicht das Kleinklima aus, die Wallhecke bietet Igeln Rückzugsräume, in die Lehmwand der Ökolaube dürfen sich Erdhummeln einbohren. Dazu gedeihen Minze, Thymian, Majoran, Salbei und allerlei Heilkräuter, ja, irgendwie fühlt man sich schon bei deren schierem Anblick gesünder.

Gerade Kindern teilt sich diese entspannte Atmosphäre mit – falls aber plötzlich Bewegungsdrang aufkommen sollte, können die Kleinen ihn am kleinen Spielplatz sowie an den wunderbar alten Schwengelpumpen ausleben.

TIPP: Direkt am Ökotop liegt der Freizeitpark Heerdt, der Spielplätze für Kinder aller Altersgruppen bietet, darunter einen riesigen Rutschturm und einen Balancier-Parcours.

Adresse Am Ökotop 70,
40549 Düsseldorf, Tel. 0211/501312,
www.oekotop.de // ÖPNV U 75,
Bus 805, Haltestelle Aldekerkstraße

58_DER PAPAGEIEN-FLUGPLATZ

Zur Nacht übernimmt der Sittich die Macht

Er ist überall … na gut, er ist vielleicht noch nicht ganz überall, doch zweifelsohne arbeitet er daran. Was will er? Die Weltherrschaft?

Seine natürliche Heimat ist ein recht schmaler Streifen nördlich des Äquators: in Afrika knapp unterhalb der Sahara, außerdem – die Arabische Halbinsel aussparend – der Indische Subkontinent. Doch Mitte der Sixties begann sein Eroberungszug, wobei er sich merkwürdigerweise die Zentren der menschlichen Macht auserkor. Den Anfang machte unser Halsbandsittich in London. Es folgten Den Haag, Brüssel, Paris, Rom und … Köln. Köln? War es die Nähe zur Bundeshauptstadt Bonn? Rätselhaft. Doch dann orientierten sich die Papageienvögel rheinabwärts und wählten Düsseldorf als Lebensraum aus, wo man sie nun in nahezu allen Parks erspähen kann. Gegen Abend aber gibt es einen absoluten Hotspot – die Kö! Hier fliegen sie lautstark von überallher ein, manchmal 1.500 Tiere, um sich alsbald in den Bäumen der Nachtruhe hinzugeben – ein großartiges Spektakel, das Kindern Spaß macht!

Tja. Man mag an einen strategischen Masterplan der Vögel glauben. Es kann aber auch viel banaler sein. Die Kölner Ur-Kolonie geht wohl auf den Bestand eines Zoo-Händlers zurück, welcher diesem 1969 ausgebüxt ist. Die Vorliebe der Vögel für Metropolen kommt daher, dass diese – dem wärmespeichernden Stein sei Dank – ein besseres Klima bieten. Und die Beliebtheit der Kö rührt daher, dass die Papageien sich hier aufgrund der stattlichen Straßenbeleuchtung vor Raubvögeln sicher fühlen.

Adresse Königsallee, 40212 Düsseldorf // ÖPNV U 70, U 74, U 75, U 76, U 77, Straßenbahn 701, 705, 706, Haltestelle Steinstraße/Königsallee

TIPP: Am Ende der Kö, auf dem Graf-Adolf-Platz, steht die bronzene »Kugelspielerin« von Walter Schott. Vor 100 Jahren zierte sie in zig Ausführungen, unter anderem aus Meissener Porzellan, unzählige Wohnstuben. Wir haben hier das Original (Berlin nur eine Kopie)!

59_DER PARIS CLUB

Mit der »Concorde« ganz hoch über Düsseldorf

Da schwebt sie nun, die Concorde, hoch über den Dächern – ein majestätischer Anblick. Wenn auch ein unwirklicher: Erstens fliegt das erste Überschall-Passagierflugzeug der Welt seit 2003 überhaupt nicht mehr. Und zweitens war es nie in Düsseldorf. So ist die hiesige Concorde auch nicht ganz echt, sondern ein – wenn auch stattliches – Modell, das an Fäden von der Decke des »Paris Clubs« herabhängt. Absolut echt hingegen ist die hinreißende Aussicht über die Stadt, die tatsächlich nur knapp unterhalb von »Flugzeug« rangiert.

Wenn man nachmittags in der Innenstadt unterwegs ist, kann man sein erfrischendes Kaltgetränk vielerorts genießen – ganz hoch über dem Geschehen aber thront man nur, wenn man sich für das 17. Stockwerk des »25hours« entscheidet. Jenes Hotel, das das neue »Quartier Central« nach Süden abschließt, wurde vom skandinavischen Büro »Stylt« errichtet. Der Krönung des Baus, eben dem »Paris Club«, wollten die Architekten »die entspannte Atmosphäre eines Künstlerateliers« geben.

Hinsichtlich der Lichtverhältnisse ist ihnen das gelungen. Die vollverglasten Fronten sorgen tagsüber für eine helle, offene Atmosphäre. Bei gutem Wetter kann man sein Getränk sogar im Freien zu sich nehmen: Der umlaufende Wandelgang ist bis zum Boden verglast, sodass man geradezu in der Luft zu sitzen scheint – und sich auch kleinere Menschen am tollen Ausblick delektieren können. Die Bar-Karte bietet für alle etwas – für Kinder etwa Softdrinks und fruchtige, natürlich alkoholfreie Cocktails.

TIPP: Natürlich haben die Macher des Zentralquartiers auch an die Kinder gedacht: Am »25hours« beginnt der Berty-Albrecht-Park, der prima Spielmöglichkeiten bietet; weitere finden sich nördlich der Franklinbrücke im »Garten der Bewegung« des Maurice-Ravel-Parks.

Adresse Louis-Pasteur-Platz 1, 40211 Düsseldorf, Tel. 0211/900910263, www.theparisclub.de // **ÖPNV** S 1, S 6, S 11, U 71, U 72, U 73, U 83, Haltestelle Wehrhahn // **Öffnungszeiten** So–Do 18.30–24 Uhr, Fr, Sa 18.30–1 Uhr

60_DER PARTY-DISCOUNT

Ein Sechstel Hektar voller Spaß

Es gibt sie noch, die guten Dinge: Gegenstände, die von akribischer Meisterhand, ehrwürdige Traditionen pflegend, in exquisiter Güte für den gehobenen Bedarf gefertigt werden – äh, gut, dass es sie gibt, aber diese Dinge interessieren im Kontext des Kinderspaßes etwas weniger. Stattdessen gilt es hier, von ganz anderen Dingen zu sprechen: von bunten, grellen, albernen, wilden, superviel Spaß machenden Plastik-Glam-und-Glitzer-Dingen.

Da Düsseldorf eine der wichtigsten Jecken-Hochburgen unseres Sonnensystems ist, besteht hier ein erheblicher Bedarf an Karnevalszeug jedweder Art. So lag es nahe, in der Landeshauptstadt einen Spaß-Shop in Supermarktgröße zu etablieren: Der Party-Discount bespielt sagenhafte 1.500 Quadratmeter Verkaufsfläche!

Hier findet sich alles, was der ambitionierte Karnevalist benötigt: Konfetti, Kostüme, Hüte, Perücken, Bärte, Ballons, Tand, Schnick und Schnack – der Party-Discount ist in der fünften Jahreszeit eine wunderbare Anlaufstelle (dann reicht die jecke Menschenschlange allerdings zuweilen bis weit hinaus auf die Himmelgeister Straße). Auch zu Halloween ist die Hölle los, doch völlig unabhängig von der Jahreszeit kann auch jede Kinderparty mit allerlei Spaßmaterial wunderbar gepimpt werden. Im Party-Discount mit Kindern einkaufen zu gehen ist aufregend – für die Kleinen, weil sie so viele zauberhafte Dinge sehen wie kaum irgendwo sonst, für die Eltern womöglich, weil sie ihre entlaufenen Kinder im Ganggewirr suchen müssen.

Adresse Himmelgeister Straße 50, 40225 Düsseldorf, Tel. 0211/5858820, www.party-discount.de // ÖPNV Straßenbahn 701, 706, Haltestelle Kopernikusstraße, oder U 71, U 73, U 83, Straßenbahn 704, Haltestelle Karolinger Platz // Öffnungszeiten Mo–Fr 10–19 Uhr, Sa 10–16 Uhr // ab 4 Jahre

TIPP: An der Brunnenstraße 46 ist das Eiscafé Weinberg – hier gibt es sehr leckeres Eis vom Konditor.

61_DIE PEGELUHR

Wie viel Uhr ist es gerade im Rhein?

Ach! Nun haben wir gerade die Zeigeruhr gelernt, sodass wir immer exakt wissen, wie spät es ist, und dann das: ein Ziffernblatt, das nicht bis zwölf geht, sondern nur bis zehn! Was soll das?

Es soll den Rheinschiffern anzeigen, wie viel Wasser sie unter dem Kiel haben, denn es handelt sich hier, wie gut zu lesen ist, um eine Pegeluhr. Erbaut wurde sie um 1900. Der »Stundenzeiger« zeigt die Meter an, der »Minutenzeiger« (mal zehn) die Zentimeter. So können wir den aktuellen Rheinpegel ablesen. Ist er kleiner als 11,10 Meter? Ja? Gut: Also haben wir den Hochwasser-Rekord vom 2. Januar 1926 nicht gebrochen. Ist unser Wert größer als 0,23 Meter? Jener Tiefstwert wurde am 23. Oktober 2018 verzeichnet.

Nun könnte man überlegen, was das heißt: Rheinpegel 23 Zentimeter? Können dann nur noch Badewannenschiffchen fahren? Nein: Pegelstand heißt nicht Wassertiefe, das ist schon ein wenig komplizierter. Vom Pegelstand muss man 97 Zentimeter abziehen – den »Gleichwertigen Wasserstand«. Im obigen Fall hätten wir also 23 Zentimeter Pegelstand minus 97 Zentimeter GLW = minus 74 Zentimeter. Da die Fahrrinne des Rheins hier einen Normwert von 2,50 Meter Tiefe hat, wäre sie dann 2,50 Meter minus 0,74 Meter = 1,76 Meter tief. Das ist zwar noch einiges an Wasser – jedoch zu wenig für Rheinschiffe: Die brauchen mindestens 2,20 Meter, manche gar fast fünf Meter. Sonst liefen sie auf Grund.

Mehr als 8,80 Meter Pegel wäre aber auch nicht gut. Dann könnten die Schiffe zwar nicht auf Grund laufen. Aber an Brücken stoßen.

TIPP: Selbstverständlich sollte jedes Kind die Stadt einmal vom Rhein aus gesehen haben – die »Weisse Flotte« fährt von hier unter anderem in den Medienhafen und nach Kaiserswerth.

Adresse Rheinpromenade, 40213 Düsseldorf; aktueller Pegelstand (vom Automaten) unter Tel. 0211/19429 oder www.duesseldorf.de/rheinpegel // ÖPNV U 70–U 79 und U 83, Haltestelle Heinrich-Heine-Allee // ab 8 Jahre

62_DAS PHANTASALTO

Roboter-Randale mit Flutschi

Wir stehen vor einem dickwurstförmigen Beutel aus durchsichtigem Kunststoff, welcher mit Wasser und Glitzerzeug gefüllt ist. Doch warum heißt er »Flutschi«? Nachdenklich nehmen wir das Objekt in die Han… – flutsch, und schon liegt es auf dem Boden des »Phantasalto«! Deshalb also! Unser »Flutschi« muss stets in seiner exakten Mitte gefasst werden, sonst flutscht er weg, was allerdings enormen Spaß macht. Nämliches hat »Flutschi« mit vielen anderen Gegenständen in diesem Laden gemein.

Neben Spaß-Dingen erhält man hier jedoch auch gutes Holzspielzeug sowie niedliche Kuscheltiere für die Kleinen, im Untergeschoss zudem aufregende und lehrreiche Dinge für Größere: beispielsweise Badewannen-Experimentiermaterial, einen Metalldetektor, eine UV-Agentenausrüstung oder ein Ringelblumen-Pflanzset. Über 8.000 Artikel führt das Phantasalto, und zwar auf eine Weise, die in mehrfacher Hinsicht bemerkenswert ist. Erstens hat man trotz der gebotenen Fülle nie das Gefühl, durch einen Supermarkt zu gehen – stattdessen genießt man die freundliche Atmosphäre eines Fachgeschäfts, in dem man die Dinge in Ruhe betrachten und probeweise bespielen kann. Bei Bedarf helfen Mitarbeiter mit kompetentem Rat. Denn zweitens sind jene über 8.000 Artikel handverlesen. Jedes Spielzeug wurde ausgiebig im Team getestet – und da überlegt man als Kunde schon, ob man nicht den falschen Job hat: Wie wunderbar muss es sein, beruflich »Glitter Ztringz« oder »Roboter Randale« zu spielen! Von »Flutschi« ganz zu schweigen.

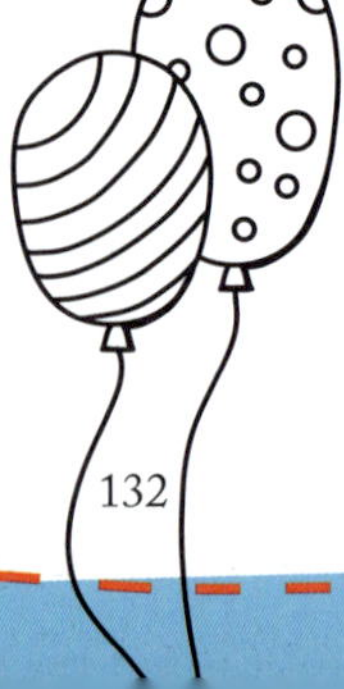

Adresse Belsenstraße 9, 40545 Düsseldorf, Tel. 0211/551355, www.phantasalto.de // ÖPNV U 70, U 74, U 75, U 76, U 77, Haltestelle Belsenplatz // Öffnungszeiten Mo–Fr 9.30–13.30 und 15–18.30 Uhr, Sa 10–15 Uhr

TIPP: Ein paar Häuser weiter, Ecke Barmer Straße, hat die traditionsreiche Gelateria La Romana 2018 ihr erstes Haus in Deutschland eröffnet – sehr leckeres Eis!

63_Der Pillebach

Ein kleines Fließgewässer genießt seine Freiheit

Der Pillebach punktet zunächst dadurch, dass sein Name nicht selten präpubertäre Heiterkeitsstürme hervorruft und folglich einiges zur guten Ausflugslaune beiträgt – doch damit sind seine Reize mitnichten erschöpft!

Nämlicher Bach entspringt im Aaper Wald und nimmt seinen Weg gen Süden, um sich schließlich in die nördliche Düssel zu ergießen. Der Düsseldorfer Pillebach teilte das Schicksal gar so vieler Stadtbäche: Irgendwann waren die Menschen seiner munteren Ungezwungenheit überdrüssig, so nahmen sie den Pillebach aus seinem natürlichen Bett und schoben ihm eines aus Beton unter.

Okay, sagte sich der alte Pillebach, wenn ihr wollt, dann fließe ich jetzt halt geradeaus. Doch die Menschen sind seltsam. 1999 waren sie plötzlich der Ansicht, dass der Pillebeton schlecht sei, und begannen, das Gewässer zu renaturieren – ein Projekt, das in 13 Schritten sukzessive vonstattengeht, wahrscheinlich, um das liebe Bächlein nicht völlig zu verwirren. Seither fließt der Pillebach vielerorts wieder so, wie er lustig ist: nach links, nach rechts, nach rechts, nach links – er »mäandriert«. Doch damit nicht genug: Man hat ihm einen Sand- und Kiesgrund spendiert, zudem Stufen, die die Fischwanderung erleichtern, und schließlich eine klasse Uferbepflanzung.

Selbstverständlich ist das Ganze zum Naturschutzgebiet erklärt worden, sodass ihr lieben Stadtkinder hier, am Rande der Metropole, ganz viele natürliche Dinge tun könnt: wandern, klettern, Libellen gucken, Spechten lauschen. Und siehe da: Es macht euch ja wirklich Spaß!

TIPP: Vom »Aussichtspunkt Aaper Wald« bietet sich ein zauberhaftes Panorama – der perfekte Ort für ein kleines Picknick!

Adresse guter Ausgangspunkt: Ecke Ratinger Weg/Kleineforstweg, 40629 Düsseldorf // **ÖPNV** U 83, Straßenbahn 709, Haltestelle Gerresheim Krankenhaus

64_DIE PLATANE

Der Gruselbaum vom Wehrhahn

Da steht sie nun, die Platane, mitten im brandenden Großstadtverkehr. Unlängst noch warteten die Leute in ihrem Schatten auf die Straßenbahn, doch mittlerweile taucht die Wehrhahn-Linie gerade hier ins Unterirdische ab, sodass sich keiner mehr dem alten Baum nähert. Immerhin trug man Sorge, dass die Platane den U-Bahn-Bau gut überstand, der Tunnel wurde eigens so angelegt, dass das Wurzelwerk unbeschadet blieb.

Ob man es tat, weil man wusste, dass diese Platane vielleicht nicht irgendeine Platane ist, sondern eine mit Geschichte?

Mit einer gruseligen Geschichte. Ob wir sie unseren Kindern erzählen wollen? Denn in alter Zeit ging man mit denen, die sich gegen das Gesetz vergangen hatten, nicht immer barmherzig um. Dem Übeltäter drohte der Gang zum Galgen, auch in Düsseldorf. Einstmals stand jener Galgen in Golzheim, 1630 wurde er nach Pempelfort verlegt. Wohin genau, wissen wir nicht – und wollen's vielleicht auch gar nicht wissen. Bald danach, so sagen manche, begann die Platane zu wachsen. Anfang des 18. Jahrhunderts wurde ein »Blutstein« neben sie gestellt, und es sei Brauch gewesen, dass der zum Tode Verurteilte beides, den Baum und den Stein, dreimal umschreiten musste, bevor es zur Richtstätte ging. Der »Blutstein«, ein steinernes Kreuz, soll mittlerweile auf dem alten Lohauser Friedhof stehen, die Platane aber hat ihren Ort womöglich bewahrt. Fast scheint es, als würde die Straße hier einen ängstlichen Bogen um sie schlagen. Und auch die Menschen nähern sich ihr nicht mehr.

TIPP: Auch der Platz Am Wehrhahn/Wielandstraße hat eine alte Geschichte: Hier wurden einst die Pferde getränkt, woran heute eine Bronzeskulptur der Künstlerin Angelika Freitag erinnert, deren Pferd interessanterweise ein großes Loch im Leib hat.

Adresse Am Wehrhahn, 40211 Düsseldorf // ÖPNV U 71, U 72, U 73, U 83, Straßenbahn 704, Haltestelle Pempelforter Straße // ab 10 Jahre

65_DAS PUPPENTHEATER

Die Zauberwelt im Souterrain

Hier ist die kleine Hexe Luci zu Hause, der Räuber Baldrian, Kasper, Henriette Huhn und Prinzessin Lisabella. Bald werden sie zu zauberhaftem Leben erwachen. Wenn wir das recht intim dimensionierte Souterrain betreten, spüren wir es schon, dieses seltsame Fluidum, das nur dem Theater zu eigen ist. Dort ist die Bühne, hier das Publikum. Noch trennt sie der Vorhang, bald hebt er sich, und dann geschieht Unwiederbringliches: Die Akteure, die Zuschauer, sie sind ganz und gar da, und das Gefühl dieses Da-Seins ist ohnegleichen, kein technisches Endgerät kann das je leisten.

Was die »Helmholtzstraße« von anderen Theatern unterscheidet: Die Grenze zwischen Akteuren und Zuschauern verläuft hier nicht ganz so exakt. Die Kinder werden Teil des Stücks, geben ihren Sympathien Ausdruck, helfen den guten Puppen gegen die nicht ganz so guten. Die Puppenspieler (die auch Autoren, Puppenmacher und manches mehr sind) nehmen die kindlichen Reaktionen auf, so verändert sich das Stück im Spiel.

Das Theater Helmholtzstraße ist eine Düsseldorfer Institution. Es besteht seit 1978, viele kleine Besucher von einst kehren nun als Eltern wieder. Fast 50 Stücke sind entstanden, mehr als 400 Puppen. Seit 1992 leitet Manuela von Zacharewicz das Haus, sie will ihr Publikum in die Welt der Vorstellung entrücken, es anregen und ihm damit zeigen, wie wundervoll Theater ist.

Da zwei Theater wundervoller sind als eins, bietet man auch den Hand- und Tischfiguren des »Seifenblasen Theaters« eine Heimstatt.

Adresse Helmholtzstraße 38, 40215 Düsseldorf, Tel. 0211/372401, www.puppentheater.de // ÖPNV Straßenbahn 704, 707, Haltestelle Helmholtzstraße // Öffnungszeiten siehe Webseite, telefonische Anmeldung erbeten // Mindestalter variiert je nach Stück und ist verbindlich

TIPP: Nicht nur in Theaterkreisen sehr beliebt ist das (gleichfalls traditionsreiche) Eis-Café Belluno direkt gegenüber.

66_DER RADÜBUNGSPLATZ

Ein Spielplatz mit höchster Fahrrad-Kompetenz

Damals, im Sommer 2017, hat die ganze Welt auf unser kleines Düsseldorf geblickt – zumindest jener Teil der Welt, der sich für Radsport interessiert, begann hier doch das bekannteste aller Radrennen, die legendäre Tour de France. Klar, dass infolgedessen die hiesige Fahrrad-Begeisterung kaum Grenzen kannte. Offenbar reichte sie bis in die Bezirksvertretung des Stadtbezirks 1, wo man seinerzeit satte 15.000 Euro lockermachte, um dem Anna-Spielplatz in Pempelfort einen Radübungsplatz zu spendieren. Und so kann man hier seit 2019 wunderbar über eine Asphaltstrecke radeln, die in einen Kreisverkehr mündet. Selbstverständlich ist der Parcours mit Verkehrszeichen und Zebrastreifen versehen, genau wie im wahren Leben.

Es ist kein Zufall, dass gerade der »Anna«, wie man ihn in der Nachbarschaft abkürzt, den Übungsplatz bekommen hat, ist hier doch, dank des engagierten Betreuerteams, viel Zweirad-Kompetenz vorhanden. So können kleinere technische Defekte mitunter im Handumdrehen behoben werden – und Kinder, die hier radlos erscheinen, dürfen sich im stattlichen Fuhrpark des Spielplatzes leihweise bedienen. Wobei dort nicht nur Fahrräder vorhanden sind, sondern auch eine große Auswahl sonstiger Gefährte.

Zudem bietet der »Anna« seinen Besuchern noch Sand, viele Spielgeräte sowie eine sehr angenehme Atmosphäre. Von hohen Backsteinmauern umhegt, ist man hier der städtischen Hektik entronnen: Auf den Bänken oder der Wiese zu sitzen und den Kleinen beim Spiel zuzuschauen ist einfach schön.

TIPP: An der parallel zur Annastraße verlaufenden Schloßstraße wartet die Konditorei & Café SugArt Factory mit Kuchen und Torten auf, die auch optisch ein Genuss sind.

Adresse Annastraße 23, 40477 Düsseldorf // ÖPNV Straßenbahn 704, Bus 807, Haltestelle Lennéstraße // Öffnungszeiten Radverleih Mo, Mi, Fr 14–17 Uhr, im Sommer bis 18 Uhr // ab 4 Jahre

67_DIE REICHSGASSE

… und plötzlich war die Stadt verschwunden

Das Faszinierende an der Reichsgasse liegt nicht etwa darin, dass hier etwas wäre – sondern darin, dass hier etwas nicht ist: nämlich Stadt. Dabei war sie doch soeben noch da: das machtvoll aufragende »Ministerium des Innern des Landes NRW«, die betriebsame Friedrichstraße mit all ihren Dienstleistern und Einzelhändlern, die ungeduldig vor der Lichtzeichenanlage ausharrenden Autos, die jetzt, endlich Grün, weiterpröttern können – doch all dies war plötzlich weg, kaum dass man jenes unscheinbare Zauberportal durchschritten

hatte, welches die Reichsgasse von der Restwelt trennt. Stattdessen obwaltet nun eine merkwürdig irritierende niederrheinische Dorfidylle. Was will man hier eigentlich? Was kann man hier wollen? Nun, zunächst gilt es, diese merkwürdige Andersartigkeit zu genießen: Seht nur, liebe Kinder, ein schmales, gewundenes Gässchen, die Häuser da links sind mehr als 200 Jahre alt, »Fachwerk« nennt man das, und so sah Düsseldorf früher überall aus.

Zu derlei interessanten Betrachtungen ist das Gässchen wunderbar geeignet – und natürlich dazu, den hier Lebenden eine Wohnadresse zu bieten. Überdies verbindet es den Fürstenwall mit der angehenden Rheinkniebrücke, jedoch auf eine Weise, die weder fußgängerisch noch autofahrerisch von größerer Relevanz ist. Ansonsten ist die Reichsgasse zu garantiert nichts gut, und gerade das macht sie liebenswert.

Also: Noch ein bisschen Alt-Düsseldorf genießen und dann, dem von fern anbrandenden Verkehrslärm folgend, zurück in die Gegenwart.

TIPP: Ein wunderbares Geschäft für große und ganz große Kinder: Menzels Lokschuppen & Töff-Töff an der Friedrichstraße 6 lässt in Sachen Modellbau, Modelleisenbahn und Autorennbahn kaum einen Wunsch offen.

Adresse Reichsgasse, 40217 Düsseldorf // **ÖPNV** U 71, U 72, U 73, U 83, Haltestelle Kirchplatz // ab 8 Jahre

68_DIE RHEINFÄHRE

Ein Hauch von Ägäis: der Anderthalb-Euro-Urlaub

Ach … herrlich! Gerade noch haben die Kinder die Mauern der 1.000-jährigen Festung erklommen, dann ist die Familie beschwingt die Uferpromenade entlanggeschlendert. Im lauschigen Gartenlokal hat man den Nachwuchs (»Wir wollen Limo! Limo!«) gütlich auf eine gesunde Apfelschorle heruntergehandelt. Jetzt schreitet man, erfrischt und ausgeruht, hinab zum Anleger, von wo aus einen die Fähre zum zauberhaften Sandstrand bringen wird … ach, herrlich!

Nun, da wir hier nicht in der Ägäis sind, sondern auf dem Rhein, währt diese Fährfahrt nicht allzu lange: Die »Michaela II« legt in Düsseldorf ab, dreht sich einmal herum – und schon legt sie in Meerbusch an. Das gibt dem Reisenden gerade mal genug Zeit, das Fahrtgeld hervorzukramen und fix den Blick auf die Veste zu genießen. Dafür ist der Spaß aber ziemlich preiswert: 1,50 Euro zahlt der Erwachsene, Kinder bis neun sind sogar schon mit 50 Cent abgegolten. In Meerbusch findet man dann wirklich einen Sandstrand, der sich – trotz seiner kompakten Ausmaße – gut zum Chillen und Spielen eignet.

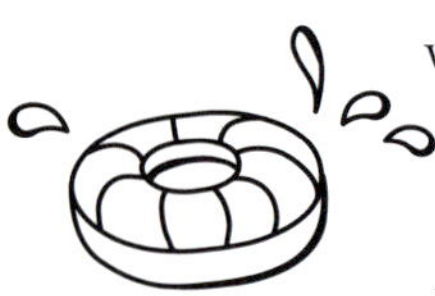

Die »Michaela II« steht in einer langen Tradition: Bereits im Mittelalter verbanden hier Fähren den damaligen Hotspot Kaiserswerth mit dem anderen Rheinufer. Durch die 2002 unweit errichtete Flughafenbrücke ist die »Michaela II« bei den Pendlern leider aus der Mode gekommen. Doch so kann Michi sich, der Alltagslast enthoben, verstärkt den schönen Dingen widmen: Kindern Spaß zu machen. Und deren Eltern eine aparte Urlaubs-Miniatur zu schenken.

Adresse Fährerweg, 40489 Düsseldorf // ÖPNV Bus 728, 749 oder 760, Haltestelle Düsseldorf Kaiserpfalz // Öffnungszeiten Sommer: Mo–Fr 7–20 Uhr, Sa, So 9–20 Uhr, Herbst, Winter und Frühling abweichende Fahrzeiten, im Winter Betriebsferien; Informationen unter www.rhein-faehre.de, Fahrten nach Bedarf, Schiff direkt unter Tel. 02150/6530 erreichbar

TIPP: In Sachen Lage kaum zu toppen ist das Restaurant »Alte Rheinfähre«. Der Biergarten bietet 600 Sitzplätze, teils unter alten Kastanien. Sollten Kinder nach getrunkener Apfelschorle akuten Bewegungsdrang verspüren, können sie ihre überschüssige Energie auf dem zugehörigen Spielplatz abbauen.

69_DAS RIESENAUGE

Das größte Sinnesorgan der Stadt

Ei, altes Haus, was hast du für ein großes Auge! Dass du mich besser sehen kannst? Und ei du, anderes Haus, was hast du für ein großes Ohr! Dass du mich besser hören kannst? Tja, wenn das nächste Haus auch noch ein riesiges Maul hätte, könnte man es mit der Angst zu tun bekommen. Besonders wenn man ein rotes Käppchen trägt.

Kinder sagen, wenn sie dem Haus Auge in Auge gegenüberstehen, in der Regel erst einmal »Boah!«. Recht so. Diese Wandmalerei setzt auf den Überwältigungseffekt, und es kann durchaus Spaß machen, sich überwältigen zu lassen. Erwachsene wollen vielleicht etwas in die Tiefe gehen: Warum dieses Riesenauge? Was will es hier? Uns vielleicht am Ende etwas sagen?

Tatsächlich: Die Geschichte des Auges reicht zurück ins Jahr 1980. Damals waren Vokabeln wie »Überwachungsstaat«, »Volkszählung« und »Orwell« in aller Munde, sodass der Düsseldorfer Kunstakademie-Absolvent Klaus Klinger mit seinem Riesenwandbild voll im Zeitgeist lag: Big Brother (oder wer auch immer) is watching you. Was das Riesenauge charmant macht: Es altert. Wandschäden beziehungsweise gestiegene Anforderungen in Sachen Wärmedämmung führten dazu, dass mittlerweile schon Version 3.0 streng auf die Düsseldorfer herabschaut – deutlich krähenfußfaltiger als seine Vorgänger. Das gegenüberliegende Ohr ist in der aktuellen, 2003 entstandenen Version 2.0 zweifelsohne dasjenige Otto Schilys, der seinerzeit als Minister die inneren Geschicke der Nation bestimmte. Sehr schön ist hier der Feinhaarbewuchs im äußeren Gehörgang.

Adresse Hellweg/Ecke Daimlerstraße, 40235 Düsseldorf, www.farbfieber.de // **ÖPNV** Bus 725, 737, Haltestelle Daimlerstraße, oder Bus 738 Haltestelle Rosmarinstraße

TIPP: Immer geradeaus gelangt man über Bruch- und Flurstraße zur Flurklinik. Einst waltete hier – wie auf dem Relief über der Tür noch ersichtlich – der Klapperstorch, heute serviert man Kakao, Kaffee und allerlei andere Leckereien.

70_DER RIESENNAGEL

Zwei Meter, 1,2 Tonnen, 100.000 Euro

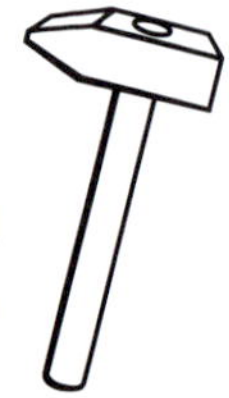

Der Nagel an sich ist wirklich eine prima Erfindung und nach wie vor oft die erste Wahl, wenn es darum geht, zwei Dinge aneinander zu befestigen. Holz an Holz beispielsweise oder Bild an Wand. Was täten wir nur ohne den Nagel! Gerade Kinder nageln extrem gern – das ist ja auch viel spektakulärer als etwa zu schrauben. Der beste Freund des Nagels ist bekanntlich der gleichermaßen faszinierende Hammer, und dieses Duo bereitet stets allerbeste Laune … bis Papa oder Mama herbeigerannt kommen und wieder Stress machen: Kind, um Himmels willen, du tust dir weh, und außerdem machst du, herrje, das schöne Furnier ganz kaputt, bla, bla, bla.

Dies ist pädagogisch völlig falsch. Womöglich hindert man so künftige Zimmerleute oder Tischler an der vollen Entwicklung ihrer Fähigkeiten. Schlimmstenfalls führt das elterliche Nagelverbot gar dazu, dass der künstlerische Genius im Kinde verkümmert. Nehmen wir etwa Günther Uecker. Was wäre dieser Mann, hätte man ihn je am Nageln gehindert? Wahrscheinlich wäre er ärmer an Geld, die Welt aber ärmer an Schönheit. Doch so ist alles super: Der Düsseldorfer Künstler hat es mit seinen unzähligen Nagelskulpturen zu Weltruhm und Wohlstand gebracht – 100.000 Euro für eine seiner Arbeiten ist nichts Außergewöhnliches. So viel kostete dem Vernehmen nach auch der wohl allerstattlichste Nagel, den er je schuf. Dieser, zwei Meter hoch und 1,2 Tonnen schwer, ziert, vom hiesigen Industrie-Club finanziert, seit 2013 den Platz am Kö-Bogen, wo sich die Kinder an seiner bombastischen Riesenhaftigkeit erfreuen können.

TIPP: Verlockend ist ein kleiner Gang in den Hofgarten – etwa zur Landskrone, einem alten Teich, an dem das schöne Schwanenhaus vielen Wasservögeln eine Heimstatt bietet.

Adresse Königsallee 2, 40212 Düsseldorf // **ÖPNV** U 70–U 79 und U 83, Haltestelle Heinrich-Heine-Allee // ab 4 Jahre

71_DER RINGOFEN

Hier wurde einst Düsseldorf gebacken

Woraus ist eine Stadt gemacht? In erster Linie aus Gebäuden. Und woraus sind die gemacht? Wenn ihr, liebe Kinder, euch die älteren Bauwerke unserer Stadt anschaut, die Häuser, Schulen, Kirchen, die vor vielleicht 100 Jahren errichtet worden sind, so seht ihr jede Menge rötliche Steine verbaut – Ziegelsteine.

Damals, als unser Düssel- vom -dorf zur Stadt wurde, brauchte man unzählige Steine für die vielen neuen Gebäude. Und Ziegel waren einfach zu machen, das können Menschen schon seit 5.000 Jahren. Man nutzte Schachtöfen: Lehm in Form bringen, in den Ofen packen, heiß machen, Lehm zu Stein backen, abkühlen lassen, Ziegel raus und dann wieder von vorne. Erst 1839 erfand Herr Hoffmann den Ringofen – dieser hatte Schieber, mit denen sich ganz viele Kammern abteilen ließen, was einen Nonstop-Betrieb gestattete: In manchen Kammern brannten gerade Feuer, während andere be- oder entladen wurden. Schon bald stand in Düsseldorf ein Ringofen neben dem anderen. Der letzte Hotspot der Ziegelherstellung war der Gallberg in Gerresheim. Doch dann wollte keiner mehr mit Ziegeln bauen, weil man Beton, Glas und Stahl plötzlich viel besser fand. Eine Düsseldorfer Ziegelei nach der anderen machte dicht, die letzte 1968. Die Ringöfen riss man alle ab, den letzten 2010 – halt! Da wurde man doch etwas traurig und beschloss, ihn wenigstens teilweise zu erhalten. Betreut wird er nun vom Förderkreis Industriepfad Düsseldorf, welcher plant, bald auch das Innere regelmäßig zugänglich zu machen.

TIPP: Am Ringofen beginnt der Stelenpfad, der durch die industrielle Vergangenheit Gerresheims führt. Seit 2019 gibt es neben der Erwachsenenversion auch eine für Kinder.

Adresse Am Ringofen, 40629 Düsseldorf, www.industriekultur-duesseldorf.de // **ÖPNV** U 83, Straßenbahn 709, Haltestelle Heinrich-Könn-Straße // ab 8 Jahre

72_DIE RÖHRENRUTSCHE

Wir stürzen uns ins schwarze Loch!

So eine Rutsche ist eine großartige Erfindung. Man setzt sich drauf, und schon treibt einen das Eigengewicht in die Tiefe, die tolle Fahrt beginnt, – und plumps ist man unten, hurra! Die Königin der Rutschen aber, da sind wir uns wohl einig, ist die Tunnelrutsche. Denn bei ihr hat die Rutschpartie noch einen besonderen Kick, tut sich vor dem tapferen Kind doch ein ziemlich schwarzes Loch auf. Will man sich da tatsächlich hineinstürzen? Man sieht ja gar nicht, ob in der dunklen Röhre irgendwas drin ist. Wenn man stecken bleibt? Kommt man wirklich durch? Und ist dann am Ende wieder im Hellen, bei Mama und Papa? Soll ich? Oder lieber doch nicht? Ich trau mich jetzt … oje, oje – juchhuuuuu! Noch mal! Und dann noch mal!

Zweifelsohne: Die Kinderwelt wäre ärmer ohne Tunnelrutschen! Ein hervorragendes Exemplar dieser Gattung befindet sich auf dem Waldspielplatz Hirschburgwiese. Hier haben sich die Röhrenrutschenkonstrukteure die Hanglage virtuos zunutze gemacht: Man klettert über (mitunter recht steile) Stufen zur Startrampe empor, erklimmt diese, gibt sich dem wohligen Schauer dräuender Gefahr hin und dann – hui!

Der von der Rutsche durch einen kleinen Trampelpfad getrennte Restspielplatz ist auch nicht gänzlich übel, es gibt allerlei Kletter- beziehungsweise Balanciergeräte, welche aus dem harten und dauerhaften Holz der Robinie hergestellt wurden. Eine Wiese lädt zum Relaxen ein, der umliegende Wald zum Spazieren – und falls es regnen sollte, bietet eine zünftige Hütte Schutz.

TIPP: Von hier aus ist es nicht weit zum Wildpark Grafenberg: Rothirsche, Rehe, Wildkatzen, Widder und die wunderbaren Wildschweine warten!

Adresse Hirschburgweg, 40629 Düsseldorf // ÖPNV U 73, U 83 oder Straßenbahn 709, Haltestelle Auf der Hardt/ LVR-Klinikum // ab 4 Jahre

73_DIE SCHATZKAMMER

Die lidlosen Augen von St. Lambertus

Sie kommen von irgendwoher, diese Augen, aus irgendeiner Zeit, aus irgendeinem Land, nun sind sie hier und blicken ins Jetzt. Ihr Blick ist ein Rätsel, so seltsam, so unverständlich. Uns trennt eine Ewigkeit von ihnen. Was mögen diejenigen, die sie schufen, gedacht haben? Warum gaben sie dem goldglänzenden Antlitz diese lidlosen, leuchtenden Augen, die unter mächtigen Brauen aus schier unermesslicher Ferne in unsere Zeit schauen? Und was ist in dieser Reliquienbüste verwahrt? Ein rotseidenes Säckchen mit Schädelknochen, heißt es, und ein weiteres noch, mit Erde aus Golgatha.

Wir stehen, nachdem wir die vielen Stufen der engen Wendeltreppe emporgeschritten sind, in der Schatzkammer von St. Lambertus vor dem vielleicht rätselhaftesten Gegenstand Düsseldorfs, dem Kopfreliquiar. Selbstverständlich hat die Wissenschaft der Büste einige Kenntnisse abgewonnen, ohne jedoch das Dunkel, das sie umgibt, je erhellen zu können. Offenbar stammt das Kunstwerk aus romanischer Zeit, wohl aus der zweiten Hälfte des 12. Jahrhunderts. Wo genau es entstand, weiß man nicht, ebenso wenig, wie es nach Düsseldorf kam. Auch wen die Bronze darstellt, ist ungewiss. Sehr wahrscheinlich einen Römer, und zwar einen Angehörigen der Thebaischen Legion. Diese – so sagt die Legende – bestand zur Gänze aus Christen, die sonders als Märtyrer starben.

Die Besucher wenden sich zum Gehen. Was bleibt, ist dieser Blick. Gruselig? Nein, eher faszinierend, hat man doch tief in die Augen der Vergangenheit geschaut.

TIPP: Draußen, auf dem Stiftsplatz vor der Kirche, bewundern wir die heftig verdrehte Turmspitze von St. Lambertus – und wissen dabei, anders als all die anderen Passanten, dass unter uns verborgen der älteste Friedhof Düsseldorfs liegt.

Adresse Stiftsplatz 7, 40213 Düsseldorf, www.lambertuspfarre.de // ÖPNV U 70 – U 79 und U 83, Haltestelle Heinrich-Heine-Allee // Öffnungszeiten Führungen durch Kirche und Schatzkammer jeweils am letzten Sa im Monat (außer Juni, Juli und Dez.) um 11 Uhr // ab 8 Jahre

74_DER SCHIFFSSIMULATOR

Das Spielhighlight im alten Schlossturm

»Lukas! Ich habe gesagt: Langsam voraus! Du bist aber auf halbe Kraft zurück! Jetzt stoßen wir an den Brückenpfeiler! Aua!« Tja. Warum hört der Nautische Offizier Lukas auch nicht auf die Kommandos der Kapitänin Klara? Gerade bei solch komplizierten Manövern wie der Unterquerung der alten Oberkasseler Brücke ist doch strengste Disziplin vonnöten! Oder auch nicht – denn Lukas hat ja offensichtlich einen Heidenspaß daran, den Maschinentelegrafen wie jeck hin und her zu drehen. Folglich muss Kapitänin Klara umdisponieren: Papa an den Maschinentelegrafen, der kleine Bruder kann ja nach nebenan gehen, um dort in Ruhe das Containerschiff zu versenken.

So garantieren die Schiffssimulatoren Spaß für die ganze Familie. Zweifelsohne stellen sie die Highlights des Schifffahrtsmuseums dar, knapp gefolgt vom Kellergewölbe mit seinen coolen Echo-Effekten, die man mit allerlei albernen Geräuschen ausprobieren kann. Ansonsten bietet die Sammlung Informatives zum Rhein als solchem und seiner Beschiffung, wobei jüngere Kinder davon nicht unbedingt euphorisiert werden. Superklasse ist es allerdings, die vielen schmalen Treppen des Turmes rauf- und runterzulaufen, wobei Mama und Papa den schieren Spaß pädagogisch veredeln können: »Kinder, wisst ihr überhaupt, dass ihr hier in einem uralten Schlossturm seid, dessen erste drei Geschosse auf das 13. Jahrhundert zurückgehen? Kinder… könnt ihr nicht mal hierbleiben? Hallo!«

Am Ende erholen sich alle im Panorama-Café ganz oben von den Strapazen.

TIPP: Nach dem Besteigen des Schlossturmes kann man eine der Eisdielen aufsuchen und sich dann mit Becher oder Hörnchen auf die Rheintreppen setzen, wo mitunter Straßenmusiker oder Artisten performen.

Adresse Burgplatz 30, 40213 Düsseldorf, Tel. 0211/8994195, www.freunde-schifffahrtmuseum.de // **ÖPNV** U 70 – U 79 und U 83, Haltestelle Heinrich-Heine-Allee // **Öffnungszeiten** Di – So 11 – 18 Uhr // ab 6 Jahre

75_DER SCHLOSSPARK HELTORF

Die uralten Rhododendren des Grafen von Spee

Das Geschlecht derer von Spee blickt auf eine große Geschichte zurück. So hat etwa der Theologe Friedrich Spee von Langenfeld, der 1591 in Kaiserswerth zur Welt kam, ein eminent wichtiges Buch geschrieben: Seine »Cautio Criminalis« hat Wesentliches dazu beigetragen, dass die schrecklichen Hexenprozesse seiner Zeit ein Ende fanden. 1662 kam man durch Heirat an das Wasserschloss Heltorf, dessen Ursprünge auf das 12. Jahrhundert zurückgehen. Schon damals wurde hier Forstwirtschaft betrieben – und daran hat sich, man staune, über all die Jahrhunderte nichts geändert. Noch heute bewirtschaften die »Gräflich von Spee'schen Forstbetriebe« ein stattliches Stück Wald im hohen Norden Düsseldorfs.

So ist im Grunde alles beim Alten geblieben – beziehungsweise doch nicht: Denn heute ist ein Waldgebiet im Ballungsraum nicht nur eine forstwirtschaftliche Größe, sondern auch eine grüne Oase, in welcher Stadtkinder die Natur genießen können. Deshalb ist es äußerst willkommen, dass die Grafen ihren Besitz für jeden öffnen, der sich nach Wald sehnt. Wobei der Spee'sche Wald nicht irgendein Wald ist, sondern ein Juwel. Über Jahrhunderte wurde hier gepflanzt, gehegt und gepflegt, mit der Folge, dass man heute auf 54 Hektar 700 verschiedene Baumarten sieht.

Der Spee'sche Waldpark ist in seiner faszinierenden Artenvielfalt immer ein Erlebnis – umwerfend ist er jedoch im Frühjahr, wenn der Rhododendron blüht. Und auch dieses hat Tradition: Man verzeichnet hier den zweitältesten Bestand Deutschland.

Adresse Heltorfer Schlossallee 100 (Parkeingang im Westen: Froschenteich), 40489 Düsseldorf, www.forst-graf-spee.de/schlosspark-heltorf // ÖPNV U 79, Haltestelle Froschenteich // Öffnungszeiten täglich 8–18 Uhr

TIPP: In der Adventszeit kann man sich auf den Weihnachtsbaum-Flächen neben dem Schlosspark eine Nordmanntanne aussuchen und sie selbst schlagen.

76_DER SCHNEIDER WIBBEL

Wer Glück braucht, ist hier richtig

Der Schneider Wibbel ist ein Stück Düsseldorfer Kulturgut – wobei dieses gar nicht so eindeutig ist, wie es scheint. Denn erstens war der Schneider in Wahrheit wohl ein Bäcker. Zweitens – nun müssen wir ganz stark sein – ein Berliner. Und drittens gab es ihn am Ende vielleicht gar nicht, womöglich ist die ganze Geschichte nur erfunden, eine frühe »Urban Legend« sozusagen.

Jedenfalls soll sich das Ganze so zugetragen haben: Jener Berliner Bäckermeister war gegen Mitte des 19. Jahrhunderts in eine Messerstecherei verwickelt, weshalb er zu ein paar Wochen Gefängnis verurteilt wurde. Jedoch überredete er seinen Gesellen, an seiner statt in den Bau zu gehen. Der Geselle ging und verstarb in der Haft, worauf der Meister für tot erklärt wurde, sich offenbarte und vom König begnadigt wurde.

Diese Geschichte kam um 1910 dem Dramatiker Hans Müller-Schlösser zu Ohren, und da dieser Düsseldorfer durch und durch war (»Mit Düsselwasser bin ich getauft, der Rhein tränkt meine Wurzeln.«), verlegte er die Geschichte zu uns, machte aus dem Bäcker einen Schneider und aus der Messerstecherei eine Napoleon-Beleidigung – das Ergebnis war ein durchschlagender Theatererfolg mit insgesamt acht Verfilmungen. Düsseldorf feiert seinen Schneider in der nach ihm benannten Gasse. Die Bronze dort muss man anfassen, weil es Glück bringt. Um die Ecke bietet eine Spieluhr, um das Vergnügen komplett zu machen, zur vollen Stunde eine wunderbar ausgeleierte Version des »Treuen Husaren« dar.

> **TIPP:** Selbstverständlich kann sich auch ein Düsseldorfer Kind in Düsseldorf ein Düsseldorf-Souvenir kaufen – und »Foto Söhn« bietet direkt am Eingang der Schneider-Wibbel-Gasse eine atemberaubende Auswahl von herrlichen Dingen, die man eigentlich immer schon haben wollte.

Adresse Schneider-Wibbel-Gasse, 40213 Düsseldorf // **ÖPNV** U 70 – U 79 und U 83, Haltestelle Heinrich-Heine-Allee // ab 4 Jahre

77_DAS SENFMUSEUM

Eines Tages, Kinder, wisst ihr ihn zu schätzen

Na, Kinder? Was soll drauf auf die gute Bratwurst? Senf oder Ketchup? Nur ganz besondere Kinder, deren Existenz gar nicht sicher verbürgt ist, entscheiden sich für die erste Variante, alle anderen grölen fröhlich »Ketchup!«. Da ist es doch etwas peinlich, dass Düsseldorf es nie zu überregionalem Ketchup-Ruhm gebracht hat. Sondern nur zu überregionalem Senf-Ruhm.

Nur? Na ja, wir, die wir ein gewisses Alter erreicht haben, wissen das delikate Wesen des Mostrichts durchaus zu schätzen. Aber die Kinder? Können wir denen vielleicht damit kommen, dass manche Ketchups, etwa Gewürzketchups, ihren Wohlgeschmack der Zugabe von Senf verdanken? Oder können wir an ihren Kunstsinn appellieren? »Wisst ihr, Kinder, dass Vincent van Gogh nie, wirklich nie eine Ketchupflasche gemalt hat? Aber dafür auf seinem ›Stilleven met flessen en aardewerk‹ ein Senftöpfchen, gar eins aus Düsseldorf, kenntlich an dem Ankersymbol und den Initialen ABB?«

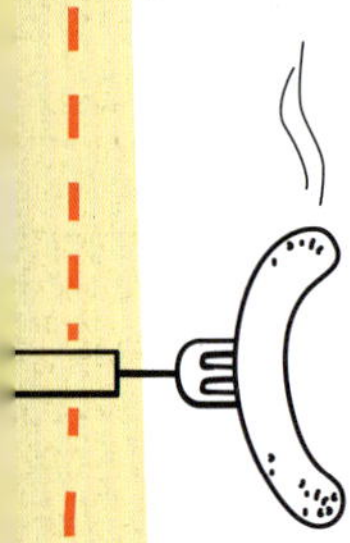

Tja – leider sind die Kinder gerade aus Langeweile weggelaufen, so können wir ihnen gar nicht mehr erzählen, dass »ABB« für Adam Bernhard Bergrath steht, dessen auf das Jahr 1726 zurückgehende Firma geradezu Sensationelles für die Entwicklung des »Düsseldorfer Mosterts« geleistet hat. Mittlerweile gehört ABB zum Düsseldorfer »Löwensenf«, und dessen Flagship-Store ist die letzte Chance: »Lasst uns reingehen, Kinder, hier ist ein Senfmuseum, in dem ihr interessante Senfdinge seht. Und köstliche Qualitätssenfe probieren dürft. Auf dass ihr bald einseht, dass Senf doch leckerer ist als Ketchup!«

TIPP: Doch etwas zu scharf gewesen, der Senf? Na gut, dann werden jetzt andere Geschmackszellen stimuliert: Gleich nebenan sind zwei Eisdielen, ein Edel-Chocolatier und ein »Fruchtgummi-Paradies«!

Adresse Berger Straße 29, 40213 Düsseldorf, www.loewensenf.de // **ÖPNV** U 70 – U 79, U 83, Haltestelle Heinrich-Heine-Allee // **Öffnungszeiten** Mo – Do 10 – 14 und 15 – 19 Uhr, Fr, Sa 10 – 19 Uhr // ab 6 Jahre

78_DER SKATEPARK ELLER

Hier wurden schon Deutsche Meister gekrönt

Vier Räder unter ein Holzbrett zu montieren ist nicht unbedingt ein revolutionärer Gedanke. Sich jedoch auf diese Konstruktion zu stellen und mit ihr über den Asphalt zu rollen schon – wer bitte kommt auf so was?

Natürlich die Amerikaner, genauer gesagt die Kalifornier. Die Surfer Boys der 50er Jahre versahen ihre Bretter mit Rädern, um ihren Sport auch dann ausüben zu können, wenn die Wellen gerade mal nicht so waren, wie sie sollten. Vom Golden State aus nahm das Skateboard, wie es bald hieß, seinen Weg um die Welt. Seit Mitte der 80er ist es auch in Deutschland fest etabliert, als – je nach Perspektive – cooles Freizeit-Gadget, Sportgerät oder Weltanschauung. Oder als Ärgernis: Denn Skater sind nicht überall gern gesehen, verbreiten sie mitunter doch schon ein bisschen Lärm und Schrecken. Wie schön, dass unser Düsseldorf den Skatern einen Park spendierte, wo sie mehr oder weniger unter sich sind. *Einen* Park? Ach was: *den* Park, den größten Deutschlands nämlich, dessen Konzept, bis hin zur Flutlichtanlage, keinen Wunsch offenlässt! Die Street Area bringt es auf 1.600 Quadratmeter, die Bowl Area auf 600, die Flow Area auf 800 und, ganz wichtig: Eine 500 Quadratmeter große Kids Area bietet kindgerechte Obstacles.

Dabei legen die Betreiber jedoch Wert auf die Feststellung, dass der Skatepark kein Spiel-, sondern ein Sportplatz ist. Man sollte sein Können keinesfalls überschätzen, sondern sich vertrauensvoll in die Hände der sportpädagogischen Betreuung begeben.

Adresse Heidelberger Straße 14, 40229 Düsseldorf // ÖPNV U75, Straßenbahn 705, Haltestelle Vennhauser Allee // Öffnungszeiten täglich 10–21 Uhr, an allen stillen Feiertagen, 24.–25.12., Silvester, Neujahr, Rosenmontag sowie bei Nässe geschlossen // ab 8 Jahre

TIPP: Auf der anderen Seite des Schlossparks Eller liegt ein wunderbarer Abenteuerspielplatz mit Spielhaus und kleinem Streichelzoo.

79_DER SKYTRAIN

Ein wunderbar unmenschliches Verkehrsmittel

Klar: Die Wuppertaler Schwebebahn gehört (samt anschließendem Zoobesuch) für Düsseldorfer Kinder zum Standard-Ausflugsrepertoire. Doch auch innerhalb der eigenen Stadtgrenzen kann man ins Schweben kommen: Dem hiesigen SkyTrain geht zwar der altertümliche, klapper-ratternde Kaiser-Wilhelm-Charme seines Wuppertals Pendants ein wenig ab. Dafür kann er jedoch mit prächtiger Hightech aufwarten. Vollautomatisch (also fahrerlos) flitzen die spacigen Züge zwischen Fernbahnhof und Flughafen-Terminal hin und her. Für die zweieinhalb Kilometer brauchen sie knapp sieben Minuten. Überraschenderweise gibt es Passagiere, die die Strecke aus ungeklärten Gründen mehrfach hin- und herfahren – vergessen sie bei der spektakulären Aussicht durch die Panoramafenster schlichtweg das rechtzeitige Aussteigen? Der schnittige Peoplemover (so sagt man heutzutage) führt seine Fahrgäste in rund zehn Meter Höhe über das Flughafengelände, seine Höchstgeschwindigkeit beträgt etwa 50 Stundenkilometer. Am Parkhaus P4/5 legt er einen kleinen Zwischenhalt ein. Irgendwann, so plant man kühn, soll er gar bis zur Messe/Arena verlängert werden, auf dass alles, was bisher schnell geht, künftig noch schneller gehe.

Da der SkyTrain im Verkehrsverbund Rhein-Ruhr ist, braucht der Überfünfjährige ein Ticket (Kurzstrecke), alternativ tut es auch jedes andere gültige VRR-Ticket, ein Parkticket der Flughafen Düsseldorf GmbH oder ein Ticket für die Zuschauerterrasse des Airports am Tag der Einlösung.

Adresse Bahnhof D-Flughafen, 40472 Düsseldorf // **ÖPNV** ICE, IC, RE oder S 1, Haltestelle Düsseldorf Flughafen, oder S 11, S 68, Haltestelle Düsseldorf Flughafen Terminal // **Öffnungszeiten** täglich 3.45 – 0.45 Uhr

TIPP: Wer das Fernweh, das den Flughafen umgibt, ganz intensiv genießen möchte, sollte die Flughafenterrasse aufsuchen, die auf dem Dach von Flugsteig B zu finden ist. Danach können sich die Daheimgebliebenen etwa mit Pommes im Flughafen-Schnellrestaurant trösten.

80_DIE SONNENUHR

Düsseldorfs Wegweiser zum Polarstern

Wenn das Internet ausginge, alle Quarzuhr-Batterien leer wären, alle Mobiltelefone abgestürzt und noch ein paar andere Katastrophen geschähen, wir dann aber dringend wissen wollten, wie spät es ist – dann schlüge die Stunde unserer Sonnenuhr! Dann könnten wir dort die Uhrzeit ablesen (falls gerade die Sonne schiene, versteht sich).

So sollten wir uns jetzt schon mit ihrer Funktionsweise vertraut machen. Die Düsseldorfer Groß-Sonnenuhr besteht zunächst aus einem 7,50 Meter langen Edelstahlstab, den wir Gnomon nennen, weil das bereits die alten Griechen so taten. Jener Gnomon steckt in der Erde, und zwar in einem 51-Grad-Winkel zur Ebene (weil Düsseldorf bekanntlich auf dem 51. Breitengrad liegt), und zeigt auf den nördlichen Himmelspol, also ziemlich exakt auf den Polarstern.

Wenn die Sonne ihre Bahn zieht, wirft unser Gnomon einen Schatten, der unmerklich wandert, von Steinbank zu Steinbank, und da diese Zahlen tragen, können wir die Uhrzeit ablesen. Römische Ziffern stehen für Winterzeit, arabische für Sommerzeit. Eine Bank wird übrigens niemals vom Schatten erreicht: Um 22 Uhr gibt es hierzulande keinen Sonnenschein mehr, jene Bank dient nur dazu, die Zeit nach 20 Uhr abschätzen zu können.

Doch damit sind die Möglichkeiten der Sonnenuhr nicht erschöpft: Um zwölf Uhr fällt der Schatten auf die exakt in Nord-Süd-Richtung verlaufende Meridian-Linie – und hier könnten wir anhand der Schattenlänge ungefähr das Datum ablesen. Falls irgendwann mal die Kalender kaputtgingen.

TIPP: Etwas nördlich der Uhr (also dort, wohin der Gnomon zeigt) liegt das »Begehbare Kunstobjekt/Boot« von Gerhard Moritzen. Kinder, die endlich einmal ein Kunstwerk begehen wollen, sind hier also goldrichtig.

Adresse Reuterkaserne/Joseph-Beuys-Ufer, 40213 Düsseldorf // ÖPNV U 70, U 74–U 77, Haltestelle Tonhalle/Ehrenhof // ab 8 Jahre

81_DER SPACEBURGER

Hamburger gut, groß und intergalaktisch

Kein Mensch weiß, wer zum ersten Mal auf die Idee kam, die »Patty«-Frikadelle in das »Bun«-Brötchen zu schieben. Irgendwann war der Hamburger halt da, er kam quasi aus dem Nichts und schmeckte lecker. Nachdem er Amerika erobert hatte, nahm er, über die allseits bekannten US-Ketten, auch die Alte Welt in Besitz. Der nächste kulinarische Entwicklungsschritt war, dass man vom Fabrik-Burger zum Manufaktur-Burger strebte, und damit sind wir im »Space Burger« angekommen.

Seit 1997 setzt man hier Maßstäbe in Sachen Düsseldorfer Burger-Kultur. Dazu trägt zunächst das Ambiente bei: Die Tapete ist mit Bildern versehen, die garantiert keine Bezüge zu Hamburgern haben, aber trotzdem irgendwie den Appetit anregen. Man sieht »Star-Wars«-Charaktere neben Wrestling-Legenden, Al Bundy und Joey Ramone. Nun kann man sich der Speisekarte widmen, welche ebenfalls unterhaltsam ist. Wer möchte den »Muerte del Toro«? Oder den »OPEC-Burger«? Den »Ultimate Kimchi«? Wohlschmeckend sind sie alle, und man staunt immer wieder ob der enormen Variationsbreite: Auberginen, Datteln, gegrillte Walnüsse, Ananas, Camembert – all das und noch mehr findet Eingang ins Space-Bun. Das fertige (übrigens auch vegan erhältliche) Produkt begeistert schon durch seine stattlichen Ausmaße: In die Hand nehmen und in den Mund stecken ist, gerade bei kindlichen Proportionen, unmöglich. Aber irgendwie gewinnt beim Freistil-Kampf »Kind gegen Burger« doch stets das Kind. Welches hernach ein zufriedenes und sattes Lächeln zeigt.

TIPP: Andere, aber gleichermaßen gute kulinarische Erlebnisse bietet in vergleichsweise irdischem Ambiente die traditionsreiche Pizzeria Lupo an der Bolkerstraße 52.

Adresse Neustraße 41, 40213 Düsseldorf, Tel. 0211/8632655, www.spaceburger.eu // **ÖPNV** U 70 – U 79 und U 83, Haltestelle Heinrich-Heine-Allee // **Öffnungszeiten** Mo – Do 11.30 – 22.30 Uhr, Fr 11.30 – 23 Uhr, Sa 12 – 23 Uhr, So und Feiertage 13 – 22 Uhr

82_DER SPORTPLATZ AM BUNKER

Das ist ja zum Wändehochgehen

Sie kennen das gewiss zur Genüge: Wenn man mit Hochgeschwindigkeit durch den vietnamesischen Urwald läuft, muss man immer wieder Hindernisse überwinden – mal springend, mal kletternd, mal balancierend. Das ist einerseits herausfordernd, macht andererseits jedoch echt Spaß. Der in Indochina geborene Franzose Raymond Belle hat diese Fortbewegungsart einst perfektioniert und sie, zurück in Frankreich, seinem Sohn David beigebracht. Allerdings gibt es in Europa recht wenige Urwälder, die man so durchqueren kann. Dafür umso mehr Städte. Nun kam David auf einen genialen Gedanken: Man kann ja so tun, als wären unsere Städte Dschungellandschaften, als wären unsere Mauern, Fahrradständer, Dixi-Klos, Treppenaufgänge und Altpapiercontainer natürliche Hindernisse, die der Läufer auf seinem Weg von A nach B dynamisch überwinden muss – schon war »Parkour« geboren, mittlerweile ein cooler urbaner Trendsport.

Doch nicht überall sind die energiestrotzenden Wandhochläufer gern gesehen. So ist es löblich, dass man ihnen inzwischen geschützte Biotope errichtet – etwa im »Sportpark am Bunker«, der neben anspruchsvollen Hindernissen auch kleine, flache und harmlose aufweist, über die Kinder erste Runs wagen können.

Die Anlage ist übrigens generationenübergreifend konzipiert, so können auch Mama und Papa zeigen, was sie damals im vietnamesischen Urwald so alles gelernt haben … wie bitte? Lieber doch nicht? Na gut: Für die Bodenständigen haben die Spielplatz-Macher eine Boulebahn angelegt.

Adresse Münsterstraße 500, 40472 Düsseldorf // **ÖPNV** S 6, U 71, Straßenbahn 701, Haltestelle Düsseldorf-Rath Mitte // **Öffnungszeiten** nicht bei Nässe, Eis und Schnee // Parkour-Anlage ab 8 Jahre, Nutzung auf eigene Gefahr

TIPP: Hier beginnt der »Rather Korso« – eine gut drei Kilometer lange Lauf-/Radstrecke, die an einem Kinderspielplatz und einem (beleuchteten!) Bolzplatz vorbeiführt.

83_DAS STADTMONUMENT

Das großbronzene 3-D-Wimmelbild

Ja ja, das Mittelalter war kein Ponyhof, schon klar. Aber ob es damals wirklich so krass zuging wie hier? Wir stehen am nördlichen Winkel des Burgplatzes, unweit des Radschlägerbrunnens, und staunen: Ritterrüstungen hoch zu Ross, Bauernvolk, das mit allerlei Ackergerät dem blutigen Gefecht zustrebt, Freund Hein höchstpersönlich, der Papst, zwei eiserne Handschuhe, die ein Dokument unterzeichnen, Altbier-Flaschen – hä? Altbier-Flaschen? Da akzeptiert man auch glatt den (gleichfalls etwas anachronistischen) Polizeihelm, der sich mutmaßlich in die Schlacht von Worringen verirrt hat.

Diese, so kann man den etwas größeren Kindern erklären, entspann sich aus der ungeklärten Frage, wem Limburg gehören sollte. Da wollte der Erzbischof von Köln ein Wörtchen mitreden. Andere wollten das gleichermaßen. Am 5. Juni (ja, welchen Jahres eigentlich?) kam es zur Entscheidungsschlacht, die der Erzbischof verlor. Zu den vielen Folgen dieses epochalen Ereignisses zählte, dass unser wundervolles Düsseldorf die Stadtrechte verliehen bekam.

Kleinere Kinder können das von Bert Gerresheim geschaffene 500-teilige Stadterhebungsmonument als riesiges 3-D-Wimmelbild begreifen, in dem es ständig neue Dinge zu entdecken gibt, von denen manche freilich etwas spooky sind.

Wer aber knackt das finale Rätsel der Skulptur? Denn: Aus einer ganz speziellen Perspektive betrachtet, formen einige Gegenstände das Jahr der Schlacht, das uns ja leider entfallen ist. Kleiner Tipp: Die Sichel suchen!

TIPP: Parallel zur Josef-Wimmer-Gasse gibt sich die (nördliche) Düssel ein allerletztes Mal die Ehre, bevor sie dann wieder ins Unterirdische abtaucht und sich für uns unsichtbar in den Rhein ergießt.

Adresse Burgplatz, 40213 Düsseldorf // **ÖPNV** U 70–U 79 und U 83, Haltestelle Heinrich-Heine-Allee // ab 10 Jahre

84_ST. ANDREAS

Die Taube im Raum, den es überhaupt nicht gibt

Es sind immer wieder diese Kanonenkugeln: Ein Großteil der Aufmerksamkeit, die St. Andreas auf sich zieht, rührt von jenen drei im Kirchturm steckenden Projektilen, man sieht sie vorzüglich vom Innenhof des benachbarten Hotels. Dabei weiß keiner genau, wie sie dort hineinkamen. Wurden sie von Übelwollenden hineingeschossen? Waren's die Preußen, anno 1758? In Frage kämen auch die Franzosen, deren Artillerie am 5. Oktober 1794 vom Linksrheinischen zwei Stunden lang die Stadt beharkte. Aber bleiben Kanonenkugeln so exakt gefügt im Mauerwerk stecken? Vielleicht hat man sie erst hernach eingemauert, zum Zeichen des »Wir haben's überstanden«? Nun, jedenfalls hängen sie jetzt am Turm, erzählen von alten Zeiten und erfreuen Kinder, denen es gelungen ist, sie zu entdecken.

Doch damit ist der Reiz der Klosterkirche längst nicht erschöpft. Man sollte ihr Inneres aufsuchen, ein Gang durch die barocke Pracht macht Kindern Spaß, sie begreifen den üppigen Kirchenschmuck mit seinen rund 400 Jahre alten Stuckarbeiten als eine Art Wimmelbild, auf dem es allerlei zu sehen gibt. Die Atmosphäre ist licht und offen, man fühlt sich seltsam unbeschwert. Vielen Kindern gefällt das Bild des linken Seitenaltars: Maria als Himmelskönigin mit dem Jesuskind auf dem Arm, das hier jedoch, anders als gewöhnlich, als Zwei-, vielleicht Dreijähriger dargestellt ist, der einladend die Ärmchen ausbreitet. Andere finden die Illusionsmalerei an der Kanzel faszinierend: Man sieht einen Raum, der überhaupt nicht da ist, und in ihm fliegt eine Taube.

TIPP: Gegenüber, am Paul-Klee-Platz, ist das bunte, 26,66 Meter lange Fliesenbild »Hornet« der Amerikanerin Sarah Morris ein perfekter Hintergrund für Porträt-Fotos.

Adresse Andreasstraße 27, 40213 Düsseldorf, www.dominikaner-duesseldorf.de // **ÖPNV** U 70 – U 79 und U 83, Haltestelle Heinrich-Heine-Allee // **Öffnungszeiten** Mo – Sa 7.30 – 18.30 Uhr, So 8.30 – 19 Uhr

85_DAS STEINCHEN-SCHMEISSUFER

Flugobjekte an der einhüftigen Balkenbrücke

Okay, wir lassen mit uns reden: Wenn man Steinchen in den Rhein schmeißen will, gibt es viele großartige Orte, und jedes Kind hat womöglich seinen persönlichen Favoriten. Jedoch sind wir der Ansicht, dass der Uferabschnitt an der Rheinkniebrücke gewisse unbestreitbare Vorteile hat.

Das liegt zunächst an der Rheinkniebrücke selbst, die den Strom auf durchaus elegante Art überquert. Selbst der Laie gewahrt sofort, dass es sich bei ihr um eine einhüftige, schrägseilverspannte Balkenbrücke handelt. Bei ihrer Eröffnung 1969 wies sie übrigens – Fanfare – die weltweit längste Hauptspannweite auf!

Wenn man, vom Rechtsrheinischen kommend, dieses technische Meisterwerk überquert hat, sei es auf Rädern, sei es zu Fuß, muss man ein wenig durchs Hochwasserbett spazieren, um dem Fluss nahe zu kommen. Dort findet man jede Menge weitere Argumente für dieses Stück Rheinufer: unzählige Steine mit formidablen Flugeigenschaften, angenehm klein formatiert, sodass sie bestens in Kinderhände passen: pitsch, plitsch, platsch! Selbst an runde Plattsteine wurde in ausreichendem Maße gedacht – jene Zauberobjekte, die Mama, Papa und die älteren Geschwister mit großem Geschick übers Wasser hüpfen lassen, unter der neidvollen Bewunderung der Kleinen.

Wenn man jetzt noch die prima Aussicht auf das andere Ufer in Rechnung stellt (Medienhafen, Rheinturm, Landtag, Mannesmann-Hochhaus, Rheinuferpromenade), dann sind wir unseres Erachtens ziemlich nahe an der Steinchenschmeißperfektion. Aber, siehe oben: Wir lassen mit uns reden!

Adresse 40545 Düsseldorf // **ÖPNV** Straßenbahn 706, 708, 709, Haltestelle Landtag/Kniebrücke

TIPP: Eis und andere Leckereien italienischer Herkunft gibt es bei Confetti's an der Düsseldorfer Straße/ Ecke Kaiser-Wilhelm-Ring.

86_DIE STRAHLENDEN STEINE

Wo Stockum im Dunkeln leuchtet

Der Düsseldorfer Aquazoo bedarf keiner Erwähnung mehr, ist er doch absolut on top – keine Kultureinrichtung der Landeshauptstadt zieht mehr Menschen an als er. Wenn man mit Kindern hier ist, folgt der Besuch einer gewissen Ordnung: Kaum hat man das Eintrittsgeld entrichtet, die Taschen im Schließfach verstaut, die Garderobe an die dafür vorgesehene Garderobe gehängt, so hüpfen die Kleinen erwartungsfroh auf der Stelle, weil sie – je nach Gestimmtheit – Stachelrochen beim majestätischen Unterwasserflug bewundern oder blutrünstige Krokodile im Kampf besiegen wollen. Was dabei (im wahrsten Wortsinne) links liegen bleibt, sind die wie unzugehörig angeflanschten Geologie-Räume. Und recht so! Was sind schon Steine?

Halt: Zumindest eine Vitrine zeigt Steine, die geradezu Wundersames vermögen: unsichtbares Licht in sichtbares umzuwandeln! Dieser phantastische Fluoreszenz-Effekt wird folgendermaßen vorgeführt: Auf Knopfdruck erlischt das (sichtbare) Licht in der Vitrine, eine ultraviolette (unsichtbare) Beleuchtung hingegen bleibt an. Folge: Vitrine dunkel, Steine hell, da sie das UV-Licht in sichtbare Farben umwandeln. Besonders fies funkelt der Autunit-Klumpen links unten, der übrigens – gleich einigen seiner Kameraden – uranhaltig, mithin radioaktiv ist. Da die Alphastrahlung des Urans durch das Vitrinenglas abgeschirmt ist, besteht jedoch keine Gefahr, dass sich die Kinder in unglaubliche Hulks verwandeln … obwohl ihnen gerade das ja beim anstehenden Kampf gegen die Krokodile durchaus zugutekäme.

TIPP: Hinter dem Aquazoo/Löbbecke-Museum liegt das Café/Restaurant »Nordparkcafé« – ein Spielplatz ist auch in der Nähe.

Adresse Kaiserswerther Straße 380, 40474 Düsseldorf, Tel. 0211/8996150, www.duesseldorf.de/aquazoo // **ÖPNV** U 78, U 79, Haltestelle Nordpark/Aquazoo // **Öffnungszeiten** täglich 10–18 Uhr // ab 6 Jahre

87_DIE TEEKANNE

Hoch lebe die Doppelkammerteebeutelpackmaschine!

Früchtetee ist super: Man hängt den Beutel in heißes Wasser, welches sich alsbald wunderschön verfärbt und zu duften beginnt – großartig! Doch wie kommt der Zaubertee eigentlich in den Beutel? Das kann man live sehen, gibt es bei uns doch die modernste Teeproduktion Europas! Mit phantastischem Ausstoß: Rund drei Milliarden Teebeutel wirft man alljährlich auf den Markt. Doch »Teekanne« ist halt nicht nur kraftstrotzender Marktführer, sondern auch sehr freundlich: Man öffnet gern die Türen und lädt in reger Folge zur Betriebsbesichtigung ein.

Nämliche vollzieht sich in der Regel so, dass man zunächst bei einigen Tässchen Schwarz- oder Früchtetee eine Multimedia-Show betrachtet, die, nun ja, angenehm unaufgeregt daherkommt. Nach der anschließenden Fragerunde geht die Post aber ab: Im kleinen Firmenmuseum bewundert man die epochale Supererfindung der Firma – eine Zellglas-Portionsteebeutel-Packungsmaschine aus dem Jahr 1937. Dann geht es, vorbei am stylishen Firmen-Oldtimer (»Tempo«-Dreirad, 13 PS!), dorthin, wo die Action ist: Von einer verglasten Besucher-Tribüne kann man dem Beuteltee beim Werden zuschauen. Man staunt ob der vielen, mit wild rotierenden Zahnrädern ausgestatteten, mittlerweile natürlich computergesteuerten Doppelkammerteebeutelpackmaschinen (Modell »Perfecta«) und freut sich daran, wie die vielen kleinen Teebeutel-Kartons fleißig über die Fließbänder flutschen. Ein großer Spaß, besonders für Kinder, die Tee und Technik mögen.

Adresse Kevelaerer Straße 21–23, 40549 Düsseldorf, Tel. 0211/5085323, www.teekanne.de // ÖPNV U 75, Haltestelle Handweiser // Öffnungszeiten Voranmeldung erforderlich; für Kindergruppen kindgerechtes Besichtigungsprogramm buchbar // ab 8 Jahre

TIPP: Die Kevelaerer Straße führt nach Meerbusch, wo sie zur Neusser Straße wird. Von dieser gelangt man links über den Badener Weg zum großen Abenteuerspielplatz, rechts über die Marienburger Straße zum Tierpark »Arche Noah«.

88_DIE TREPPE INS GARNICHTS

Warum Garten und Museum nicht zusammenkommen

Wir sind glücklich, dass es Düsseldorf gibt – ansonsten müssten wir Düsseldorfer uns ja eine neue Stadt suchen. Nicht auszudenken! Also freuen wir uns dolle über unsere kleine Rheinmetropole und gönnen ihr von Herzen ihr Museum, in dem sie stolz darbietet, was sie in der Vergangenheit Großes geleistet hat – Respekt! Jedoch: Wie nimmt sich das in Kinderaugen aus?

Nun, die bedeutende Sammlung an Barockporträts geht relativ spurlos an unseren Kleinen vorbei. Auch die antiken Exponate erzielen bestenfalls Achtungserfolge, so ist etwa bei der römischen Käseschüssel die Bezeichnung erheiternder als der Gegenstand selbst. Besser sind da schon die Flohfalle aus dem 18. Jahrhundert oder das Kinderzimmer aus dem 20. Wir wollen dem Museum nicht unrecht tun: Kinder mögen es, werden aber nicht unbedingt euphorisch.

Ähnliches gilt für den Rosengarten, der sich ans Museum anschmiegt: still, lauschig und zur Blütezeit voller Farbenpracht. Aber kindertauglich? Bedingt. So liegt das absolut absurde Kinder-Highlight genau an der Schnittstelle von Garten und Museum. 1981 erhielt Letzteres einen Erweiterungsbau, von dem aus eine sanft geschwungene Treppe die Besucher in den Garten leiten sollte. »Neiiin!«, riefen die Rosengartenfreunde aus, dann kommen ja Besucherscharen, und die ganze Lauschigkeit ist weg!

Es kam zum genialen Kompromiss: Die Treppe wurde gebaut. Aber nicht mit dem Museumsbau verbunden. So steht sie nun da, in erhabener Nutzlosigkeit – einzig dazu gut, Kindern Spaß zu machen.

TIPP: Von der Ausstattung vielleicht nicht unbedingt top, von der Atmosphäre jedoch großartig: der Spielplatz auf der Landzunge im Spee'schen Graben, mit zauberhaftem Baumbestand und Aussicht auf das Mannesmann-Haus.

Adresse Berger Allee 2, 40213 Düsseldorf, Tel. 0211/8996170, www.duesseldorf.de/stadtmuseum // **ÖPNV** U 71, U 72, U 73, U 83, Haltestelle Benrather Straße, oder U 70, U 74–U 79, Haltestelle Heinrich-Heine-Allee // **Öffnungszeiten** Di–So 11–18 Uhr // ab 6 Jahre

89_DER TUNNELREST-RAUM

Seltsame Architektur in Düsseldorfs Untergrund

Die meisten Räume, die Erwachsene so bauen, folgen der Vernunft: rechte Winkel, gerade Wände, gleichmäßige Deckenhöhe. Diese vernünftigen Räume haben zwar einiges für sich, sind für Kinder jedoch völlig banal. Allemal interessanter ist ein Raum, der offenbar völlig unvernünftig ist: unterirdisch, ohne Fenster, mit seltsam verbogenen Wänden und einer Decke, die sich immer mehr absenkt, sodass jener Raum zum Ende hin immer enger wird. Wie weit kann man gehen, bis man stecken bleibt? Etwas strange, aber cool! Ein echter Quatsch-Raum! Verstärkt wird dieser Eindruck noch durch die seltsamen Dinge, die hier zu sehen sind: Kunstwerke aller Art nämlich, von Jungkünstlern aller Art geschaffen.

Das K.I.T. ist ein 888 Quadratmeter großes Abfallprodukt der großartigen Idee, den Autoverkehr unter die Erde zu verlagern. Bis 1993 hatte die Altstadt an der B1 gelegen. Seither liegt sie – dank des Rheinufertunnels – wieder dort, wo sie hingehört: am Rhein. Aus statischen Gründen ergaben sich hierbei Tunnelrest-Räume, die in der Regel mit Bauschutt verfüllt wurden. Das K.I.T. ist die glorreiche Ausnahme. Beiderseits sowie unterhalb seiner verlaufen vier Tunnelröhren, durch die pro Tag rund 50.000 Autos röhren, was die Besucher jedoch nicht hören – es sei denn, ein dicker, fetter Laster setzt einen kleinen Klangakzent in die erhabene Stille des Betons und der Kunst. Direkt oberhalb dieses wunderbar unvernünftigen Raumes bietet ein Café die Gelegenheit, die Eindrücke zu verarbeiten.

Adresse Mannesmannufer 1b, 40213 Düsseldorf, Tel. 0211/52099596, www.kunst-im-tunnel.de // **ÖPNV** Straßenbahn 706, 708, 709, Haltestelle Landtag/Kniebrücke // **Öffnungszeiten** Di–So und Feiertage 11–18 Uhr, am 2. So im Monat freier Eintritt für alle, Kinder und Jugendliche bis 18 immer frei // ab 8 Jahre

TIPP: Auf der nahen Apollo-Wiese kann man bei wärmerem Wetter wunderbar abhängen und dem Rhein beim Fließen zusehen.

90_ DER UHRENTURM

Das groteskeste Bauwerk der Stadt

Wir befinden uns an der Grafenberger Allee und betrachten angelegentlich, was man hier so hingebaut hat. Ah ja, das »Global Gate«, einen »Quality Workplace«, wie dessen Webseite zu entnehmen ist, mit einer »Fassade aus hochwertigem Aluminium-Glas«. Supi! Und gegenüber, auch nicht schlecht, die gleichfalls äußerst aufgeräumte Außenfront des Jobcenters Düsseldorf-Nord. Doch halt, was ist das da? Das gehört da überhaupt nicht hin! Das stört doch das ganze Ensemble!

Trutzig ragt ein ältlicher Backsteinturm auf. Man sollte ihm sagen, dass er hier wirklich nichts zu suchen hat, schon weil ihm sein Hauptgebäude offenbar im Laufe der Zeit abhandengekommen ist. So taugt er doch zu gar nichts mehr!

Tja. Einst hatte er als Torwächterhaus gedient, und zwar der Maschinenfabrik Haniel & Lueg, die in den 60er Jahren plattgemacht wurde. Auch der Turm aus dem Jahr 1873 sollte zunächst dem Fortschritt weichen. Erst im letzten Moment rettete man ihn vor der Abrissbirne. So stand er hinfort ein wenig verlegen inmitten der glitschig-glatten Funktionsarchitektur herum. Bis sich das Hermann-Harry-Schmitz-Institut seiner erbarmte. Schmitz (1880–1913) war ein Düsseldorfer Autor mit Hang zum Absurden, so passt er ganz gut zu dem Turm, in dessen imposanten 26 Quadratmetern vorwiegend Bilder teils grotesken Inhalts ausgestellt sind. Kinder haben Spaß daran, begeistern sich an den 56 Stufen des Treppenhauses – und sind stolz darauf, tatsächlich mal das Innere dieses geheimnisvoll-albernen Turms betreten zu haben.

Adresse Grafenberger Allee 300, 40237 Düsseldorf, Tel. 0211/222972, www.hermannharryschmitz.de // ÖPNV U 72, U 73, U 83, Straßenbahn 709, Haltestelle Schlüterstraße/Arbeitsagentur // Öffnungszeiten groteskerweise ausschließlich im Sommerhalbjahr, Mo 18–20 Uhr // ab 8 Jahre

TIPP: Wie immer man zu Burger-Ketten stehen mag – die Filiale an der Grafenberger Allee 258 ist in einem großartigen Gebäude untergebracht, welches Architekturgeschichte geschrieben hat: Die damalige »Haniel-Garage« wurde 1951 als erstes Parkhaus Deutschlands errichtet.

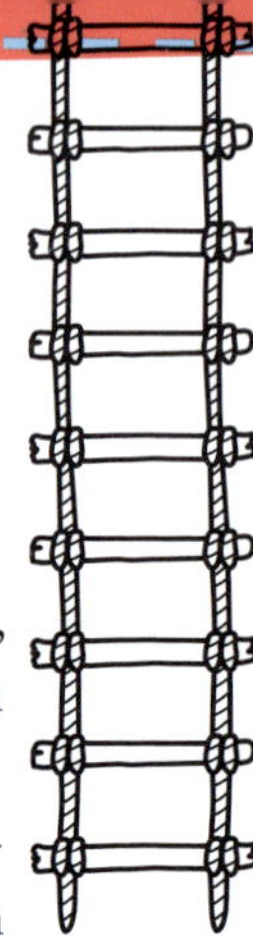

91_DER ULENBERGPARK

Der Mehrgenerationen-Grill-Spielplatz

Der Freizeitpark Ulenbergstraße ist angetreten zu beweisen, dass ein und derselbe Ort die unterschiedlichsten Menschen satt, stark und glücklich machen kann.

Beginnen wir mit dem Fundamentalen: In der warmen Jahreszeit braucht der Mensch mitunter Grillgut. Wer weder einen eigenen Balkon noch einen Garten hat, ist auf die öffentlichen Grünanlagen angewiesen, wo man sich dann an sonnigen Nachmittagen um billige Alu-Einweggrills schart. Diese grillerische Unkultur muss nicht sein, bietet die Ulenbergstraße doch solide Eins-a-Grillplätze für jedermann, einzig eine Voranmeldung ist vonnöten.

Nach vollzogener Mahlzeit kann man ausschwärmen. Das weitläufige Areal bietet vielfältige Möglichkeiten, Kinder steuern selbstverständlich den 4.200 Quadratmeter großen Spielberg an, der von einem stattlichen Leuchtturm dominiert wird. Keine Frage: Wir befinden uns hier auf einer mystischen Insel, fernab von allen Gestaden. Man kann den Turm, der besseren Übersicht halber, erklimmen – und dann, dank der Tunnelröhre, in einem Rutsch wieder hinab auf den Inselsand gelangen. Nebenan lockt die Takelage des Segelschiffs – wer schafft es ganz nach oben? Der Matrosen-Nachwuchs amüsiert sich derweil auf dem nahe gelegenen Kleinkinder-Spielplatz, während die großen Geschwister ihre Fähigkeiten im Skate- und Bikepark perfektionieren – oder sich auf dem Volley- beziehungsweise Basketball-Court abarbeiten. Ältere Semester schließlich können ihren Körper an den sechs edelstählernen Trainingsgeräten in Bestform bringen.

Adresse Ulenbergstraße 11, 40223 Düsseldorf, Tel. 0211/152520 // ÖPNV U 72, Haltestelle Aachener Platz, oder Bus 723, 893, Haltestelle Ubierstraße // Öffnungszeiten 9–19 Uhr (März), 9–20 Uhr (April, Mai, Sept.), 9–21 Uhr (Juni, Juli, Aug.), 10–19 Uhr (Okt.), in den übrigen Monaten: Mo–Do 10–17.30 Uhr, Fr–So 10–18.30 Uhr

TIPP: Direkt gegenüber lockt an Samstagen der legendäre Flohmarkt »Aachener Platz«, eine unterhaltsame Mischung aus Kram, Trödel, Antiquitäten und Lebensmitteln. Im Zelt wartet das »Café Sperrmüll« mit Leckereien und Livemusik auf.

92_DER UNSICHTBARE FESTSAAL

Die uralte Tür ins phantasievolle Nichts

Ach! Verwichen sind sie, jene herrlichen Zeiten, verblichen die Gebeine der Kühnen! Durch diese Türe schritten sie einst frohgemut, hinein in den prächtigen Festsaal, die tapferen Ritter mit ihren holden Damen … oder die holden Ritter mit ihren tapferen Damen? Wer weiß das schon so genau?

Tja, die Tür ist noch da. Doch sollte man sie heute besser nicht mehr durchschreiten. Sonst fiele man aus dem ersten Stock der Kaiserpfalz recht unsanft hernieder. Denn der Festsaal ist nicht mehr. Also hält man inne und lässt die Phantasie spielen.

»Die tollen Ritter hatten bestimmt superstabile Rüstungen und weiße Pferde.« – »Vielleicht sogar Einhörner?« – »Es gibt überhaupt keine Einhörner. Das ist Quatsch! Aber die Ritter hatten bestimmt Superkräfte. Und Zauberschwerter!«

Hier ist ein Ort der (mitunter kontroversen) Traumvorstellungen. Die Pfalz ist da, ragt aus untergegangener Zeit mysteriös in unsere Gegenwart hinein. Aber irgendwie ist sie auch nicht mehr da, wie etwa der Festsaal. Das liegt daran, dass man mit der trutzigen Festung aus dem 12. Jahrhundert nicht gerade pfleglich umgegangen ist: Ihr Pulverdepot explodierte, Angreifer beschossen sie mit Kanonenkugeln, 1702 versuchte man gar, sie gänzlich in die Luft zu sprengen. Dann nutzten Hausbauer sie als Steinbruch. Doch manch mächtige Mauer steht noch. Und regt die Phantasie an. Hier ist der Düsseldorfer Ort, an dem das kindliche Sinnen den Rittern am nächsten kommt. Und natürlich auch dem Prinzessinneneinhorn.

Adresse Burgallee, 40489 Düsseldorf, Tel. 0211/22973077 (Förderverein), www.kaiserpfalz-kaiserswerth.de (Förderverein) // ÖPNV U 79, Haltestelle Kittelbachstraße oder Klemensplatz // Öffnungszeiten Karfreitag – 31. Okt. täglich 9 – 18 Uhr // ab 6 Jahre

TIPP: Ein goldglänzendes uraltes Kirchenmodell mit rätselhafter Aura, das man aufgrund seiner Kostbarkeit leider nur aus einem Sicherheitsabstand betrachten darf: der Suitbertusschrein aus dem 13. Jahrhundert, zu sehen in der nahen Basilika St. Suitbertus.

93_DER WANDEL

Das Riesen-Raritätenkabinett des Herrn Wildhagen

Der »Wandel« ist auf Expansionskurs: Ursprünglich bespielte er 200 Quadratmeter, dann 600, dann 900. Zurzeit misst er satte 1.300 Meter im Quadrat, und wenn sein rasantes Wachstum sich fortsetzt, wird er irgendwann weite Teile Düsseldorfs bedecken – was durchaus zu begrüßen wäre, macht er doch mächtig Spaß.

Spätestens hier stellt sich die Frage, was er denn eigentlich ist, jener Wandel. Nun, zuvorderst ist er das Lebenswerk Markus Wildhagens, der schon als Kind auf der Jagd nach alten und schönen, mindestens jedoch interessanten Dingen war. Deren 30.000 präsentiert er im »Wandel«, und zwar sorgsam komponiert: Es gibt eine Arztpraxis, ein Kinderzimmer, ein Kino und vieles mehr, ausstaffiert jeweils mit originalem Interieur, nicht selten mit kleinen Merkwürdigkeiten garniert.

Kinder mögen den Laden enorm, können sie hier doch lustvoll erfahren, wie es zu Omas, Uromas und Ururomas Glanzzeiten in deutschen Stuben aussah. Mama und Papa stehen dabei erklärend zur Seite: »Sieh mal, früher musste man an dieser Nummernscheibe drehen, um jemanden anzurufen!« – »Wann war das? In der Dinosaurierzeit?«

Doch nicht nur Kinder gehen hier steil, auch Fotostudios und Filmausstatter begeistern sich für Wildhagens Dinge, die in »Das Wunder von Bern«, »Der Untergang«, »Der kleine Vampir«, »Hanni und Nanni« sowie zig anderen Kinostreifen zu sehen sind. Auch der Maître höchstselbst hat es mittlerweile zu medialer Prominenz gebracht – ist er doch Star-Händler im TV-Quotenwunder »Bares für Rares«.

TIPP: Vom Wandel ist es nicht weit bis zur Bilker Kirche, und hier, im Dreieck Bilker Allee/Neusser Straße, ist der köstliche Hotspot der Unterbilker Café- und Restaurant-Szene.

Adresse Friedenstraße 62, 40219 Düsseldorf, Tel. 0211/90158712, www.wandel-antik.de // ÖPNV Straßenbahn 707, Haltestelle Kronprinzenstraße // Öffnungszeiten Mo – Fr 11 – 18.30 Uhr, Sa 11 – 16 Uhr // ab 6 Jahre

94_DER WASSER-SPIELPLATZ BILK

Die genialen Erfindungen des Herrn Wolf

So, liebe Kinder, hört mal bitte für einen Moment auf zu matschen und zu platschen, denn jetzt wollen wir euch von einem Mann erzählen, der Gutes getan hat. Dieser Mann, der Ulrich Wolf hieß, wurde 1954 oberster Bestimmer im Düsseldorfer Gartenamt. Und da hat er sich gefragt, womit die Kinder gern spielen, wenn es so richtig heiß ist. Dann kam er drauf: Wasser. Dann hat Herr Wolf weiter überlegt: Es gibt ja Freibäder, gut, aber die sind manchmal weit weg. Und es gibt Teiche in den Parks, aber die sind voller Schleim und Schlotze, weshalb man da gar nicht reinwill. Und auch nicht darf.

Also hat sich Herr Wolf was ausgedacht: Spielplätze, wo sauberes Wasser irgendwo herausspritzt und dann wieder wegfließt, was aber nicht schlimm ist, weil immer neues nachkommt. 1955 war der erste Wasserspielplatz fertig, der im Volksgarten. Jetzt hatten die Düsseldorfer Kinder etwas, das es woanders gar nicht gab. Mittlerweile sind noch acht große Wasserspielplätze hinzugekommen, zuerst dieser, auf dem wir jetzt sind. Der wurde 1956 gebaut. Vielleicht hat hier schon Oma Opa nass gespritzt.

Aber Herr Wolf fand noch mehr heraus: Aus Wasser und Sand kann man Matsche machen! So hat Düsseldorf heute sensationelle 64 Wassermatschanlagen!

Also dieser Herr Wolf hatte doch wirklich supergute Ideen! Was meint ihr? Äh … wo seid ihr eigentlich? Hat überhaupt jemand zugehört? Nee? Weil alle gematscht und geplatscht haben? Okay – auch eine Art, Herrn Wolf zu ehren. Vielleicht gar die beste.

Adresse Volmerswerther Straße, 40221 Düsseldorf // **ÖPNV** Bus 726, Haltestelle Im Dahlacker

TIPP: 100 Jahre lang hatte Bilk eine Sternwarte – 1943 verbrannte sie. Das ausgeglühte Teleskop wurde geborgen und an der Ecke Bach-/Martinstraße auf einen Sockel gestellt. Ausgerichtet ist es auf den Wetterhahn von Alt St. Martin.

95_ DAS ZEITFELD

Ein Ort der Philosophie und des Geldverdienens

Was ist Zeit? Schwierige Frage. Man kann Zeit nicht sehen, nicht hören, man kann sie nicht anfassen oder aufs Butterbrot legen – und doch ist sie da. Jedoch: Ist sie überhaupt da? Man sagt doch, dass die Zeit immerzu »vergeht«. Aber wie kann etwas vergehen, was gar nicht da war? Man sagt auch, dass die Zeit »kommt«. Also kommt die Zeit immerzu und vergeht immerzu, ohne je da zu sein? Was also ist Zeit? Echt tricky, die Frage, nicht wahr? Aber tröstet euch: Keiner weiß, was Zeit ist. Auch die Erwachsenen nicht. Irgendwie ist »Zeit« da. Aber irgendwie auch nicht.

Man kann etwas über »Zeit« schreiben, seht ihr ja hier. Aber was macht man, wenn man ein Foto zum Text stellen will? Nun, das seht ihr auf der Seite gegenüber: Zwar kann man nicht die Zeit fotografieren, wohl aber Uhren. Hier sagt sich der Fotograf: Je mehr, desto besser, und fotografiert ganz viele Uhren. Zum Beispiel die des Zeitfelds am Volksgarten.

Und so sehen wir die vom Künstler Klaus Rinke geschaffene Uhren-Horde immer wieder, wenn im Fernsehen, in den Zeitungen oder im Internet etwas über die Zeit, etwa über die Sommerzeitumstellung, gesagt wird. Wahrscheinlich gehört das Zeitfeld zu den meistfotografierten Motiven Düsseldorfs. Viele fotografieren es, weil es irgendwie lustig ist: So viele Uhren, wo doch eine reichen würde! Andere fotografieren es, um das Bild für viel Geld zu verkaufen, etwa an Zeitungen, siehe oben. Vielleicht macht ihr ja auch mal ein Foto vom Zeitfeld. Weil es lustig ist. Oder um es an Opa und Oma zu verkaufen.

TIPP: Direkt gegenüber lauert eine bunte Drachenfamilie: Die riesigen Blechgeschöpfe sind eigentlich Abluftrohre der Kanalisation.

Adresse Eingang Volksgarten, Auf'm Hennekamp, 40225 Düsseldorf // **ÖPNV** S 1, S 6, Straßenbahn 706, Haltestelle Düsseldorf Volksgarten // ab 6 Jahre

96_DER ZWEIGETEILTE JÜNGLING

Kopf und Körper gehören zusammen. Oder doch nicht.

Herrje, welche Vandalen waren das denn nun wieder! Da ragt sie auf, direkt vor dem L'Oréal-Gebäude, die mächtige Statue, doch der Kopf ist ab! Weg! Verschwunden! Wie konnte das passieren? Und warum repariert das keiner? Bevor man das Schicksal des Kunstwerks allzu laut beklagt, sollte man sich in der Nähe noch ein bisschen umsehen. Vielleicht … und ja, tatsächlich! Da ist er ja, der fehlende Kopf, auf einem unscheinbaren Sockel ruht er, unter der lärmenden Hochstraße Kennedydamm/Danzigerstraße, und lächelt still vor sich hin. Nun könnte man doch darangehen, den Kopf auf den Körper zu setzen, den nackten Jüngling heil zu machen, warum tut man das nicht? Ganz einfach: Weil es nicht im Sinne des Künstlers wäre, wollte dieser den Jüngling doch genau so: mit strikter Trennung von Kopf und Körper. »Kouros« heißt die Statue von Stefan Demary, und »Kouros« ist ein altgriechisches Wort, das so viel wie »junger Mann« bedeutet. Jene regungslos aufrecht stehenden Kouroi machten die archaischen, also die ganz alten Griechen in großen Mengen. 1980 fand man einen besonders stattlichen, gut vier Meter hohen auf der Insel Samos – allerdings ohne Kopf. Diesen grub man dann glücklicherweise vier Jahre später in der Nähe aus, so konnte das Werk zusammengesetzt und ins Inselmuseum gestellt werden.

Demary aber war offenbar von der Trennung fasziniert – er hat seine Kopie des Kouros 1998 so angelegt, dass beide Teile in Sichtweite voneinander sind. Aber eben doch nicht zueinanderfinden.

TIPP: Im Innenhof des Industriebank-Baues an der Uerdinger Straße, wo mittlerweile die Helaba residiert, findet man ein Gegenstück zum Kouros: einen armlosen Riesenmenschen in einer Duschkabine.

Adresse Ecke Roßstraße/ Johannstraße, 40476 Düsseldorf // **ÖPNV** U 78, U 79, Haltestelle Theodor-Heuss-Brücke // ab 8 Jahre

97_DER AUTO-SKULPTURENPARK

Wald und Auto: zwei deutsche Passionen vereint

Ach! Wie herrlich ist doch der Deutschen Wald! Hier reckt die Buche ihr Geäst majestätisch dem Himmel entgegen, dort blüht das liebliche Buschwindröschen, hier sprießt eine Moskwitsch-Limousine aus der trächtigen Erde – äh, hallo? Wir blicken uns etwas genauer um und gewahren, dass wir uns in einen ganz und gar einzigartigen Wald verirrt haben: überall alte, gemächlich verrottende Autos, doch nicht nur die: Hier hängt ein Doppeldecker im Baum, dort ruht sich eine Rakete vom Kriegspielen aus.

Diesen modernen Märchenwald verdanken wir Michael Fröhlich. Der gebürtige Berliner studierte zunächst Jura, Sinologie und Philosophie, um hinfort folgerichtig als Modeschöpfer, Rennfahrer, Fotograf und Autodesigner tätig zu sein. Zu seiner Glanzzeit fuhr Fröhlich auch schon einmal im eigenen Schützenpanzer über die Königsallee, den Geschützturm hatte er allerdings, um Irritationen zu vermeiden, durch einen überdimensionierten Wasserhahn ersetzt.

2000 feierte er seinen 50. Geburtstag, und als es darum ging, sich selbst zu beschenken, ließ sich der Jubilar nicht lumpen. Er gönnte sich 50 Autos, gleich ihm samt und sonders Baujahr 1950: Goggo, Buick, Jaguar, Porsche, Fiat, Rolls und wie sie alle heißen. Diese Gefährte konserviert er seither nicht etwa in musealer Wohlfühlumgebung, sondern lässt sie – zum Grauen aller Oldtimer-Fans – in seinem kleinen Privatwäldchen pittoresk verrotten. Man kennt »Auto«, und man kennt »Wald« – aber »Wald und Auto«? Absolut spektakulär!

TIPP: Neben dem Neanderthal Museum bietet die Gegend noch weitere Attraktionen – etwa den Wanderweg zum eiszeitlichen Wildgehege oder den Kunstweg »MenschenSpuren«.

Adresse Neandertal 11, 40699 Erkrath, Tel. 0211/322809, www.michaelfroehlich.com // ÖPNV S 28, Haltestelle Mettmann-Neanderthal // Öffnungszeiten So nach der »Sendung mit der Maus«, die Herr Fröhlich keinesfalls versäumen möchte; Eintritt für Kinder frei // ab 8 Jahre

98_DIE STERNWARTE

Wo der Mond sich erstmals in Europa sehen ließ

Auf der Erde gibt es etwa 382 Kilogramm Mondgestein. Ein paar Krümel gehören den Russen, der Rest den USA, die es per Apollo-Programm herbeigeschafft haben. So ist Mondgestein eine echte Kostbarkeit, und die Amis sitzen darauf. Verständlicherweise. Hier und da jedoch geben sie ein bisschen zur öffentlichen Besichtigung frei. In Europa geschah das erstmals 1970 – nein, nicht in London, nicht in Paris, sondern im guten alten Erkrath-Hochdahl, und zwar im Schulungszentrum der Sternwarte Neanderhöhe. Wie um Himmels willen kam es dazu? Nun, wie immer: Die Leute dort kannten einen (Professor Oberth), der einen kannte (Professor von Braun), und so ging das dann.

Leider musste das Mondgestein (genauer gesagt: ein bisschen grauer Staub in einer Plastikdose) den USA bald zurückgegeben werden, weshalb wir es heute nicht mehr sehen können. Dafür aber zwei andere ganz großartige Dinge: Das Hightech-Kuppelplanetarium »Stellarium Erkrath« bietet seinen Besuchern spektakuläre 360-Grad-Animationen mit sechs Mal Full-HD-Dolby-Surround-Sound. In aller Regel reist man dabei in den Weltraum, aber auf durchaus unterschiedliche Art: Ältere Kinder fliegen zur Supernova und stürzen in Schwarze Löcher, die Vierjährigen hingegen begleiten lieber Peterchen auf seiner Mondfahrt.

Im zugehörigen Observatorium bieten drei mit verschiedenen Teleskopen ausgestattete Türme tatsächliche Ausblicke in die unendlichen Weiten des Weltraums, und zwar freitags ab 20 Uhr bei passendem Wetter, telefonische Voranmeldung erforderlich.

TIPP: Eine S-Bahn-Station weiter in Richtung Düsseldorf (Hochdahl) liegt der alte Lokschuppen, in dem sich ein lohnendes Eisenbahnmuseum befindet (www.lokschuppen-hochdahl.de).

Adresse Sternwartenweg (Observatorium) beziehungsweise Bürgerhaus Hochdahl, Sedentaler Straße 105 (Planetarium), 40699 Erkrath-Hochdahl, Tel. 02104/42248 (Observatorium, freitags ab 19.30 Uhr), www.snh.nrw, Tel. 02104/947666 (Planetarium) // ÖPNV S 8, Haltestelle Hochdahl-Millrath // Öffnungszeiten siehe Webseite // ab 4 Jahre

99_DAS ARCHÄOLOGISCHE MUSEUM

Das Grab des großen Kriegers

Er sei glücklich gewesen, so steht es auf dem kleinen Bronzekännchen geschrieben, und überall hoch angesehen. Dann findet sich dort auch noch sein Name: Arpvar. Sonst ist nichts von ihm geblieben. Die kalkarme Erde, in der er lag, hat seine Knochen verschwinden lassen. Nicht jedoch die Dinge, die ihm seine Hinterbliebenen auf die Reise ins Jenseits mitgaben. Und vor diesen Dingen stehen wir jetzt ehrfurchtsvoll.

Ein Geheimnis umgibt sie. Wer war Arpvar? Ein mächtiger Krieger der Merowinger wohl. Gelebt hat er um 500 nach Christus – dafür spricht die Münze, die man ihm nach alter Sitte unter die Zunge gelegt hatte. Sie sollte dazu dienen, den Fährmann zu bezahlen, der ihn ins Totenreich übersetzte. Auch die anderen Dinge, die man Arpvar ins Grab gab, ziehen uns in ihren magischen Bann: die Waffen, mit Gold und Edelsteinen geschmückt, der goldene Ring. Und vor allem der reich verzierte Helm, der einst sein Haupt umschloss.

Er ist berühmt, dieser Helm – so berühmt, dass er schon eine Briefmarke zierte. Es war ein unerhörter Glücksfall, dass die Archäologen 1962 Arpvars Grab fanden. In der Regel waren solch prächtig bestückte Gräber bald Räubern zum Opfer gefallen. Entdeckt wurde unser fränkischer Fürst in Gellep, heute ein Stadtteil von Krefeld. Hier hatten lange die Römer geherrscht, bevor die Franken an ihre Stelle traten. Über 6.000 Gräber hat man freigelegt. Viele der Funde sind im sehenswerten Museum ausgestellt. Aber keiner kommt dem Helm dessen gleich, der einstmals so glücklich war.

TIPP: Wer das Archäologische Museum besucht hat, sollte sich in jedem Fall auch zur zwei Fußminuten entfernten Burg aufmachen. Der umliegende Park gewährt zauberhafte Aussichten auf das alte Gemäuer.

Adresse Archäologisches Museum Burg Linn, Rheinbabenstraße 85, 47809 Krefeld, Tel. 02151/155390, museumburglinn.de // **ÖPNV** RE10 bis Oppum, von dort RB35 nach Krefeld-Linn Bahnhof // **Öffnungszeiten** Di–So 10–18 Uhr (April–Okt.) beziehungsweise 11–17 Uhr (Nov.–März) // ab 8 Jahre

MONHEIM

100_ DAS RÖMERGESCHÜTZ

Haus Bürgel: die 1.500 Jahre alte Trutzburg

»Noch mehr?« Fragend mustert Papa seinen Filius. »Noch mehr!«, repliziert dieser nach kurzer Überlegung. So stemmt Papa, nun ganz und gar zum römischen Legionär geworden, aufs Neue seinen muskulösen Körper in die Winde, zwingt die mächtigen Seilbündel in noch extremere Torsion, worauf diese schauerliche Knirschgeräusche von sich geben – und plötzlich ist Papa kein heldenhafter römischer Legionär mehr, sondern besorgter postmoderner Papa: Die werden das ja wohl überprüft haben, TÜV oder so? Nicht dass uns das Ding jetzt um die Ohren fliegt?

»Das reicht jetzt aber, oder?« – »Okay. Ja, das reicht. Warte mal, noch nicht abschießen, ich geh erst mal ein bisschen zur Seite!«

Der Filius, teils bang, teils erwartungsvoll, verschwindet halb im Türrahmen. Papa geht kurz in sich, zieht beherzt den Auslöser, worauf mit dem fettesten aller »Pflapsch«-Geräusche die Sehne machtvoll nach vorne schnellt. Wow, denkt Papa, wenn ein Bolzen aufgelegen hätte, wäre jetzt ein Loch in der Wand, und das hätte wohl Ärger mit der Versicherung gegeben. Doch da springt schon der Filius herbei und kräht die magischen Worte: »Noch mal!«

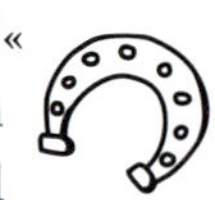

Das rekonstruierte römische Torsionsgeschütz im kleinen Museum ist zweifelsohne das Spannendste, was Haus Bürgel für Kinder zu bieten hat. Außerdem gibt es in der einstigen römischen Grenzfestung, die jetzt zum Gutshof geworden ist, noch mancherlei anderes zu bestaunen: uralte Originalmauern, zahlreiche Hühner und eine Pferdezucht. Die umliegenden Rheinauen laden zum Wandern ein.

Adresse Urdenbacher Weg, 40789 Monheim, Tel. 02173/9518930, www.hausbuergel.de // **ÖPNV** Bus 788 ab D-Benrath S-Bahnhof, Haltestelle Haus Bürgel // **Öffnungszeiten** Sa, So und Feiertage 10–18 Uhr, Dez. und Jan. geschlossen // ab 6 Jahre

TIPP: Auf der anderen Seite des Weges stehen viele Obstbäume, teils mit alten, fast vergessenen Sorten – unter anderen der »Kaiser-Wilhelm-Apfel«, der genau hier 1864 erstmals das Licht der Welt erblickt haben soll.

101_DER BARFUSSPFAD

Hier kann man das Gehen neu erfinden

Ursprünglich ist der Mensch dazu bestimmt, barfuß zu laufen. Das ist eine ebenso unmittelbar einleuchtende Tatsache wie jene, dass er nichtsdestotrotz irgendwann die Schuhe erfinden musste, weil er ansonsten ja außerstande gewesen wäre, sich Schuhe zu kaufen, ihm also eine wichtige Quelle des Wohlbefindens verschlossen geblieben wäre.

So kann der Mensch nun das Glück des Schuhkaufs genießen – andererseits kann er jedoch auch – »Retour à la nature!« – nach wie vor barfuß laufen. Wir alle wissen, wie wundervoll es ist, Strandsand unter den Füßen zu spüren!

Unsere Fußsohlen sind enorm sensibel, dank ihrer registrieren wir genau, welcher Art der Untergrund ist, auf dem wir wandeln – und andererseits ist unser Fuß imstande, sich ebendiesem Untergrund virtuos anzupassen. Ohne dieses großartige System aus Wahrnehmung und Bewegung wären wir Menschen nicht weit gekommen, im wahrsten Sinne des Wortes. Leider liegt dieses biologische Wunderwerk ein wenig brach, jedenfalls solange wir Schuhe tragen. Deswegen sollten wir sie unbedingt mal ausziehen, und zwar vorzugsweise am Neusser Barfußpfad in der idyllischen Erftaue.

Dort durchschreitet der barfüßige Besucher 17 verschiedene Felder: Erde, Gras, Muscheln, Rindenmulch, Kies aller Größen, darunter flache Cobra Pebbles, Marmor, Kalk, Granulat und so fort. Kinder begeistern sich am neuen Gehgefühl, das irgendwo zwischen Massage und Kitzelspaß rangiert, das Gehen wird so zum bewussten, den ganzen Körper durchdringenden Vorgang.

Adresse Wanderparkplatz Berghäuschensweg, 41468 Neuss // **ÖPNV** Bus 841 ab Düsseldorf-Handweiser, Bus 849 ab Neuss Hauptbahnhof oder Bus 874 ab Neuss Rheinpark-Center, Haltestelle Brüsseler Straße // **Öffnungszeiten** April – Okt. // ab 4 Jahre

TIPP: Landschaftlich sehr reizvoll ist es, (in Schuhen!) vom Barfußpfad entlang der Erft bis zu deren Mündung in den Rhein zu wandern.

102_DER BLUTGRABEN

Der rätselhafteste Keller der Stadt

Nach kurzer Besprechung ist man sich einig: Luise darf den Schlüssel umdrehen. Alsdann tritt die Familie ein. Dämmerlicht umfängt sie. Die Betonwände lassen jedes Geräusch unheimlich widerhallen. Zum Glück findet Papa den Lichtschalter, so sieht man ihn besser: den rätselhaftesten Keller der Stadt.

Dabei sieht er nicht gerade imposant aus. So etwas haben die Römer, jene Meister der Tempelarchitektur, uns hinterlassen? Mickrig in den Ausmaßen, zwei steile, schlecht gesetzte Treppen führen hinab, auch die Wände sind recht dürftig: aus älteren Bauwerken zusammengesuchte ungefüge Steine, mit Lehm vermauert. Obenauf lag wohl eine Holzdecke, mit Unterzügen verstärkt. Also muss sie Schweres getragen haben. Aber was nur?

Der archäologische Entdecker glaubte es zu wissen: Hier wurde der Geheimkult der Kybele zelebriert. Im Keller lag der (erwachsene) Täufling, zuoberst wurde ein Stier geschlachtet, dessen Blut dann durch Löcher im Holzboden troff und den Taufakt vollzog, Fossa Sanguinis – der Blutgraben!

Man beschloss, ihn zu erhalten, umgab den Kybele-Keller mit einem wunderbar brutalistischen Betonbau. Doch nicht alle Wissenschaftler folgen obiger Interpretation. Zwar diente der Keller zweifelsohne kultischen Zwecken. Dafür sprechen auch die Funde: ein sterbender Stier aus Terrakotta etwa oder eine tönerne Muttergöttin. Aber welcher Kult wurde hier wirklich begangen? Jener der westgermanischen Göttin Sunuxsal? Der Keller wird sein Geheimnis nie preisgeben. Gerade das macht seinen Zauber aus.

TIPP: Über die Konradstraße und den Grünen Weg rechts in die Kölner Straße – und schon ist man auf dem einstigen Areal des römischen Lagers. Bei einem Rundgang gibt es einige Kopien antiker Funde zu sehen.

Adresse Gepaplatz, 41468 Neuss; Schlüssel bei Familie Heischkamp, Gepaplatz 3, Tel. 02131/120669 // **ÖPNV** Bus 849, 851, 852 ab Neuss Hauptbahnhof, Haltestelle Humboldtstraße // **Öffnungszeiten** täglich 10–18 Uhr; Voranmeldung bei Familie Heischkamp erbeten // ab 10 Jahre

103_DER HARIBO FABRIKVERKAUF

Ein Supermarkt, der sich aufs Wichtige beschränkt

Habt ihr, liebe Kinder, schon einen Traumberuf? Nein? Wie wäre es denn mit Bonbonkocher? Klingt das nicht ungemein lecker und lustig? Tatsächlich, liebe Eltern, gab es den Bonbonkocher als offiziellen Lehrberuf, erst 1980 wurde er abgeschafft – beziehungsweise durch die eher unlustig klingende Bezeichnung »Fachkraft für Süßwarentechnik mit der Fachrichtung Zuckerwaren« ersetzt.

Einer der berühmtesten Bonbonkocher war HAns RIegel aus BOnn, der 1922 die Welt mit einer epochalen Erfindung bereicherte, indem er einem Fruchtgummi die Form eines Bären gab. Der »Tanzbär«, später »Goldbär« genannt, war geboren und machte fortan Kinder froh (und Erwachs'ne ... Sie wissen schon). Anschließend nahm das Unternehmen einen stürmischen Aufstieg, heute ist es ein Global Player mit 7.000 Mitarbeitern und Jahresumsätzen im Milliardenbereich.

Ein anderes Ruhmesblatt der deutschen Bonbonkocherei schrieb eine Düsseldorfer Firma: Maoam (»Was wollt ihr denn?«), deren Name übrigens keine Abkürzung von gar nichts ist. Die Produktion jener wundervollen Fruchtkaubonbons begann in Friedrichstadt, wechselte aber 1982 über den Rhein nach Neuss. All das mag unsere Kinder kaum interessieren, aber wartet ab, ihr Lieben: 1986 kaufte Haribo Maoam, und 2012 kam man auf die geniale Idee, am Neusser Produktionsstandort einen Fabrikverkauf zu eröffnen, in dem man sowohl Haribo- als auch Maoam-Produkte ohne Ende kaufen kann, nicht nur die gängigen Gebinde, sondern auch alle möglichen wunderbaren Groß-, Spaß- und Spezialpackungen!

TIPP: In der Nähe, am Holzheimer Weg 44, bietet ein »Smyths Toys Superstore« eine recht beeindruckende Auswahl an Spielzeug.

Adresse Ruwerstraße 6, 41464 Neuss, Tel. 02131/4021152, www.haribo.com // **ÖPNV** Bus 848 ab Neuss Hauptbahnhof, Haltestelle Polizeibehörde // **Öffnungszeiten** Mo–Fr 9.30–18 Uhr, Sa 9.30–16 Uhr

104_DER INSEL- UND UFERPARK

Spielspaß mitten im Industriezeitalter

Der Neusser Hafen macht schon was her. Nicht nur, dass hier massig Güter umgeschlagen werden, auch in Sachen Produktion hat er einiges zu bieten: Feinkost, Mischfutter, schnelle Papiertaschentücher, Gipsprodukte und so weiter. Fünf Fingern gleich greifen die Hafenbecken in den Nordosten unserer Nachbarstadt, entstanden sind sie seit 1835 aus einem alten Seitenarm des Rheins.

Wiewohl hier nach wie vor emsig produziert wird, musste man feststellen, dass doch nicht mehr ganz so viel produziert wird wie einstmals. Anders gesagt: Man brauchte nicht mehr ganz so viel Hafen, wie man hatte. So überlegte man, was mit dem überflüssigen Areal anzufangen wäre – und kam auf die prima Idee, das westliche Hafenbecken, also jenes, das an die Innenstadt grenzt, anderweitig zu bespielen. Unter anderem mit dem Insel- und Uferpark.

Düsseldorfer Kinder, die einmal nachschauen möchten, wie sich ihre Neusser Kollegen so amüsieren, nehmen, vom Bahnhof kommend, den Weg über die Brücke Collingstraße, die dank ihrer schicken Konstruktion an sich schon sehenswert ist. Wer mag, kann sich hier ein wenig hinsetzen und das Panorama genießen. Dann geht es weiter zum Park, der eher schmal, dafür ziemlich lang ist: Auf 850 Metern reiht sich ein Spielplatz an den anderen; Highlight ist das Kletterareal mit dem Fußball- und Basketball-Court im Süden.

Doch das eigentlich Coole ist die Kulisse: Die alten und neueren Industriemonumente am Wasser bringen die Spielphantasie auf Hochtouren.

TIPP: Hinter dem Neusser Hauptbahnhof liegen die sehr sehenswerten alten Hallen des Güterbahnhofs, die nunmehr eine neue Bestimmung gefunden haben: einerseits als »Event Location«, andererseits an Samstagen als stimmungsvolle Flohmarkthallen.

Adresse Industriestraße, 41460 Neuss // **ÖPNV** mit S-Bahn oder RE zum Hauptbahnhof Neuss

105_DER KINDERBAUERNHOF

Das kleine ländliche Idyll am Ufer der Erft

Ein Stadtkind zu sein hat viele Vorteile: Den Kleinen steht eine Vielfalt an Möglichkeiten offen – kaum ein Musikinstrument, das man hier nicht erlernen könnte, kaum ein Sport, der sich hier nicht betreiben ließe. Und doch ist da diese kindliche Sehnsucht nach dem Einfachen, dem Ländlichen, dem Naturnahen, dem Bauernhof.

Wahrscheinlich würden nicht alle Kinder dauerhaft in einem modernen Agrarbetrieb leben wollen. Aber nichts ist schöner, als einen sonnigen Nachmittag dort zu verbringen!

Nun ist der Kinderbauernhof Neuss auch alles andere als modern – der Besucher reist nicht nur in eine bäuerliche Idylle, sondern auch rund 100 Jahre in die Vergangenheit. Zunächst hatten unsere Neusser Nachbarn Glück, dass ihnen 1912 der zauberhaft verhutzelte Königshof in die Hand gefallen war. 1968 beschloss man, ihn als Kinderbauernhof zu gestalten, zehn Jahre später tat man die Tore auf. Seither werden rund 100.000 Besucher pro Jahr gezählt. Diese freuen sich zunächst am Anblick des altertümlichen Geräts, mit dem der Hof liebevoll ausstaffiert wurde: Oldtimer-Zugmaschinen, uralte Küchenherde; eine interaktive Ausstellung erzählt vom bäuerlichen Leben in alter Zeit, eine andere zeigt, womit Kinder sich im 19. Jahrhundert spielerisch vergnügten.

Dann aber geht es endlich zu den Tieren: Ein weitläufiger Rundweg lässt die Besucher den Schweinen, Ziegen, Schafen, Hühnern und Pferden ganz nahe kommen. Für plötzlich aufkommenden Bewegungsdrang steht ein nett angelegter Spielplatz zur Verfügung.

Adresse Nixhütter Weg 141, 41466 Neuss, Tel. 02131/903321, www.kinderbauernhof-neuss.de // ÖPNV Bus 854, 854E ab Neuss Hauptbahnhof, Haltestelle Neuss Kinderbauernhof // Öffnungszeiten täglich 9–18 Uhr

TIPP: Etwas weiter südlich, am Ufer der Erft, locken zauberhafte Spazierwege. Auf dem Weg dorthin passiert man die alte Cornelius-Kapelle, in der römische Gebäudetrümmer verbaut sind.

106_DER RECKBERG

Auf der uralten Straße zum Mittelmeer

Wie wäre es wohl gewesen, wenn wir diese Straße vor 2.000 Jahren gegangen wären? Wir hätten womöglich römische Legionäre gesehen, war doch das, was heute »Am Reckberg« heißt, ein kleines Stückchen jener Fernstraße, die seinerzeit bis nach Arles nahe der Mittelmeerküste reichte. Nun, in der Gegenwart, nähern wir uns einem Wäldchen, das tatsächlich ein Monument jener Zeit birgt – einen Wachturm des Limes, rekonstruiert zwar, aber immerhin!

16 nach Christus war die Sache ziemlich klar: Rom konnte zwar über den Rhein gehen und dort militärisch initiativ werden, aber jetzt echt mal: Was sollte das bringen? Erstens drohten Niederlagen wie jene krachende des Varus sieben Jahre zuvor. Und zweitens: Was sollte man da überhaupt? Nichts als Wald und nervende Germanen, keinerlei Reichtümer zu holen. Also baute man entlang des linken Ufers eine Befestigungsanlage, den Limes, und schaute, etwa vom Legionslager im Gnadental aus, in jenes platte Land, das heute Düsseldorf heißt, ob sich dort auch nichts Feindliches regte. Womöglich war hier, bei den zwei Sandhügeln des Reckbergs, eine Rheinfurt, die zusätzlich gesichert werden musste – durch den Vorgänger unseres Wachturms und ein Neben-Kastell. So können wir nun durchs Wäldchen streifen und unsere Phantasie spielen lassen. Auf der anderen Seite der Straße lagen eine römische Siedlung und ihr Friedhof: Hier steht man auf uraltem Grund. Falls man auf dessen Oberfläche übrigens zufällig etwas Antikes findet, ist das der Denkmalbehörde zu melden!

TIPP: Wenn man die Straße »Am Reckberg« Richtung A46 geht, gelangt man zu »Oerdings Hof«, der einen Hofladen betreibt. Eier, Kartoffeln und Äpfel sind dank des dortigen Automaten sogar 24/7 erhältlich.

Adresse Am Reckberg, 41468 Neuss // **ÖPNV** Bus 827, Haltestelle Neuss Volmerswerther Straße // **Öffnungszeiten** nur von außen zu besichtigen // ab 8 Jahre

107_DIE TÜRME DER STADTMAUER

Vom Räuberhauptmann zum Kindergeburtstag

Im 13. Jahrhundert war die Neusser Stadtbefestigung auf dem neuesten Stand der Technik. Ihr Glanzstück war das Obertor, welches die Stadt zur uralten Rhein-Handelsstraße sicherte. So erhielt der Bau im 14. Jahrhundert zwei mächtige Rundtürme, die damals vom Wohlstand der Neusser zeugten und noch heute ein halblautes »Boah!« auslösen.

Unweit ragt der riesige Windmühlenturm aus dem 13. Jahrhundert auf, ein wahres Vielzweck-Bauwerk. Einst wichtiger Eckpfeiler der Stadtmauer, trieben seine Flügel bis 1849 ein Mahlwerk an, später wurde er zum Wasserturm. Hochsicherheitsgefängnis war er auch noch, unter anderem saß hier 1796 der legendäre »Fetzer« ein, der Räuberhauptmann Mathias Weber. Doch war der Fetzer extrem clever: Er zerfetzte die Windmühlensegel, seilte sich mit ihnen aus schwindelerregender Höhe ab, sprang die letzten sieben Meter in die Tiefe und entkam. Übrigens: Wer seinen Schatz finden will, muss auf dem Forstenberg in Meerbusch suchen, wo er, der Sage nach, vergraben liegt.

Der Blutturm schließlich hat nicht nur einen gruseligen Namen, sondern auch eine gruselige Geschichte: Einerseits sicherte er gleichfalls die Stadtmauer, von der hier noch ein Rest zu sehen ist, andererseits diente auch er als Gefängnis-, schlimmer: als Folterturm. Unter anderem litten hier wohl auch der Hexerei bezichtigte Frauen. Da ist es doch prima, dass diese schaurige Stätte nun ein Ort ist, an dem Menschen Spaß haben: In der warmen Jahreszeit kann man ihn für Kindergeburtstage mieten!

TIPP: Napoleon hatte schon klasse Ideen – unter anderem einen Kanal, der Neuss mit Antwerpen verbinden sollte. Das Epanchoir, die Wasser-Kreuzung von Kanal und Obererft, haben die stolzen Neusser jüngst restauriert (Ecke Selikumer Straße/Nordkanalallee).

Adresse Obertor zugänglich über Clemens Sels Museum: Am Obertor, 41460 Neuss; Windmühlenturm: Mühlenstraße 59, 41460 Neuss; Blutturm: Promenadenstraße 14, 41460 Neuss // **ÖPNV** Straßenbahn 709 von Düsseldorf Hauptbahnhof oder Neuss Hauptbahnhof, Haltestelle Stadthalle/Museum // **Öffnungszeiten** Anfragen zum Blutturm bei Greyhound Pier, Tel. 02131/170920

108_DER BLAUE SEE

Hier gibt es heute die Kindheit von damals

Für all jene, die schon ein paar Lebensjahrzehnte hinter sich haben, ist der Blaue See ein Museum seiner selbst. Ja, so war Kindheit früher, so sahen die kleinen Freizeitparks aus, in denen man einst mit Mama und Papa die Sonn- und Ferientage verbrachte. Alles ist noch da, was damals Frohsinn bereitete: die Hüpf-Trampoline, die elektrischen Wipptiere mit Münzeinwurf, die kleinen Autoscooter, der obligatorische Minigolf-Parcours, die Eistruhe mit der zugehörigen Angebotstafel, von der die Kinder stets das knallbunte Wassereis wählten, wiewohl die Mama immer sachte zum Milcheis riet, in dem doch wenigstens noch etwas anderes außer Zucker enthalten sei – Erinnerungen. Die Nostalgie wird noch dadurch gesteigert, dass einigen Dingen hier ihr Alter anzusehen ist – man mag wohlwollend von »Patina« sprechen.

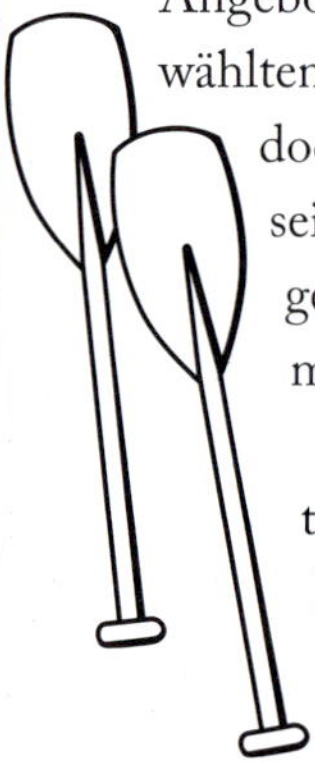

Kinder, insbesondere die kleineren, stellen derlei Betrachtungen nicht an. Sie nehmen die Spiel- und Spaßmöglichkeiten fröhlich wahr, ohne auch nur einen Gedanken daran zu verschwenden, dass es hier ziemlich retro zugeht. Wo Mama und Papa beeindruckt zur Kenntnis nehmen, dass es etwa den Märchenzoo schon seit 1952 gibt, sind die Kinder ganz im Hier und Jetzt – beziehungsweise in Rotkäppchens Wald, Dornröschens Schloss und Hänsels Hexenhaus, die Geißlein gibt es live dazu.

Wunderbar schließlich der Blaue See selbst, ein 1932 aufgelassener, mit Grundwasser gefüllter Kalksteinbruch. Hier kann man, und das ist eine Seltenheit geworden, Boote mieten und in vergangenen Kindheitsfreuden schwelgen. Oder in gegenwärtigen.

Adresse Zum Blauen See 20, 40878 Ratingen, www.blauersee-ratingen.de // **ÖPNV** ab Düsseldorf S 6 bis S-Bahnhof Ratingen Ost, von dort Bus 773, Haltestelle Blauer See // **Öffnungszeiten** variierend und zudem wetterabhängig, aktuelle Infos siehe Webseite

TIPP: Ebenfalls traditionsreich ist die Naturbühne am nördlich gelegenen Nebensee. Einst gab es hier Karl May ohne Ende, mittlerweile werden jedoch Kinderbuchklassiker im jährlichen Wechsel dargeboten.

109_DIE TEXTILFABRIK CROMFORD

Heute haben Kinder hier Spaß – anders als damals

Ohne Spinnen kein Faden, ohne Faden kein Textil. So spinnt der Mensch, seit er sesshaft ist. Erst tat er das mit der Spindel, an deren Wirtel sich Dornröschen stach. Die Müllerstochter in »Rumpelstilzchen« war technisch schon etwas weiter, verfügte sie doch bereits über ein Spinnrad. Dieses Handwerksgerät hielt sich ziemlich lange, auf dem europäischen Kontinent bis ins späte 18. Jahrhundert. Jene Spinnräder sahen zwar schön aus, waren jedoch extrem langsam. Die Weber, die das Garn zu Stoffen weiterverarbeiteten, hatten damals schon teilmechanisierte Webstühle und gierten nach immer mehr Garn, das die Spinner kaum liefern konnten.

Im englischen Cromford aber, so hörte man, gab es etwas ganz Großartiges: »Spinnmaschinen«, die ganz »automatisch« mit Wasserkraft enorm schnell Garn »produzierten«. Nur: Die Engländer hielten jene Hightech strengstens geheim. Da schlug die Stunde des Herrn Brügelmann. Ihm gelang es, wer weiß, wie, die englische Technologie auszuspionieren und nachzubauen. So entstand 1783 in Ratingen die erste Fabrik des europäischen Kontinents – in der sich heute wieder die Königswelle dreht und über mächtige, mit Fett geschmierte Holz-Zahnräder Maschinen treibt, die in mehreren Arbeitsstufen aus flockiger Baumwolle festes Garn machen. Das ist für Kinder unserer Zeit faszinierend anzuschauen – die Kinder der Vergangenheit jedoch dürften anders empfunden haben: Für sie war das hier, wie durch die niedrige Höhe mancher Maschinen augenfällig wird, ein Ort harter Arbeit.

TIPP: Dass Herr Brügelmann mit seiner Supergarnfabrik auch superviel Geld verdient hat, kann man nebenan sehen: Da nämlich hat er sich ein stattliches Herrenhaus errichtet, das gleichfalls zu besichtigen ist.

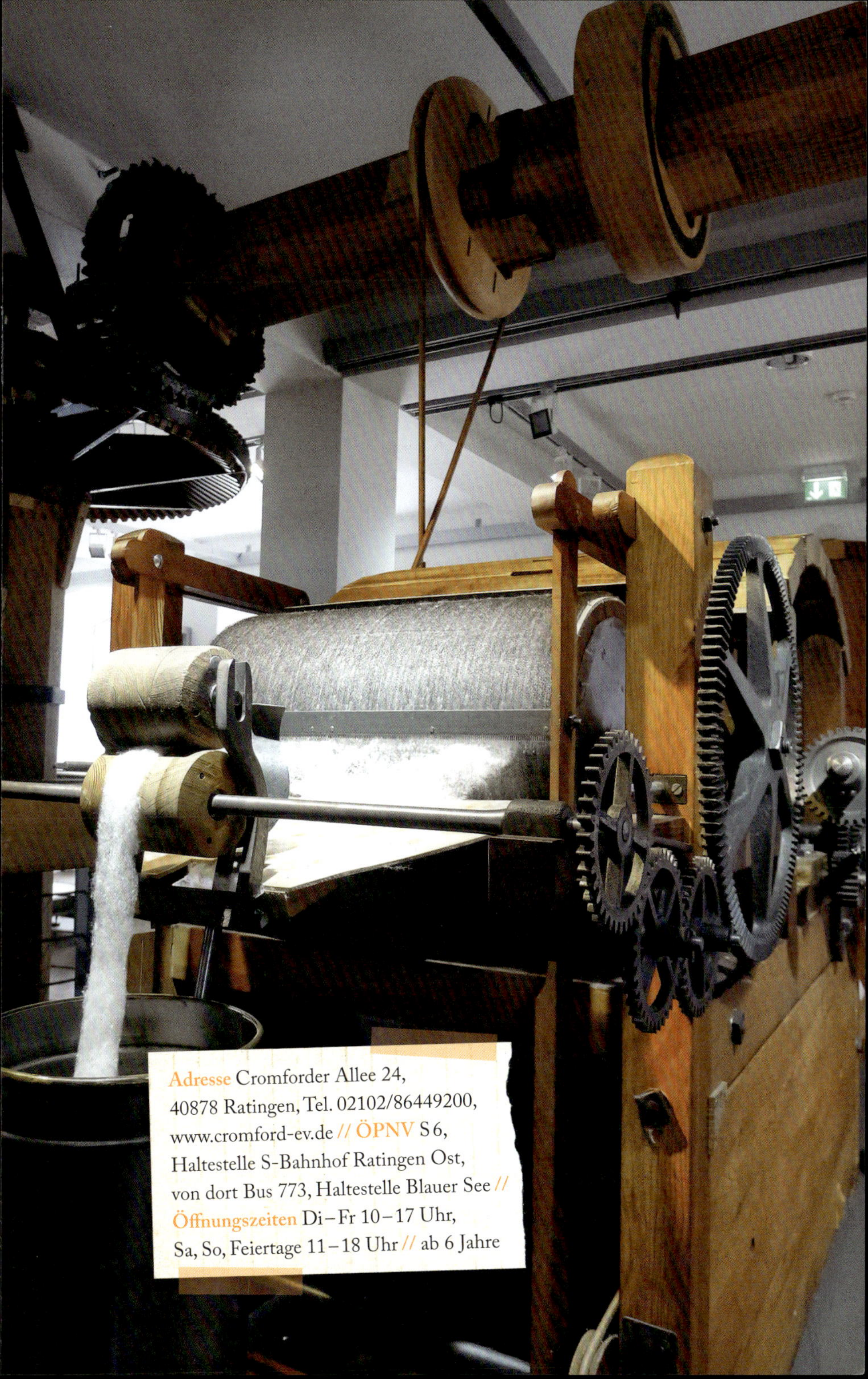

Adresse Cromforder Allee 24, 40878 Ratingen, Tel. 02102/86449200, www.cromford-ev.de // ÖPNV S 6, Haltestelle S-Bahnhof Ratingen Ost, von dort Bus 773, Haltestelle Blauer See // Öffnungszeiten Di – Fr 10 – 17 Uhr, Sa, So, Feiertage 11 – 18 Uhr // ab 6 Jahre

110_DIE DÜSSELQUELLE

Hier rinnt uns der Fluss durch die Finger

Den Rhein finden wir Düsseldorfer ja ganz leicht. Aber die Düssel? Wo ist die eigentlich?

Das Prinzip der Düsseldorfer Düssel ist, dass sie manchmal da ist. Aber meistens nicht. Noch komplizierter wird das Ganze dadurch, dass es ja nicht nur eine Düssel gibt, sondern vier: In Gerresheim teilt sich das Flüsschen in einen nördlichen und einen südlichen Arm; vom nördlichen wiederum zweigt der Kittelbach ab, vom südlichen der Brückerbach. Nun ist Düsseldorf im Laufe der Zeit immer größer, städtischer und moderner geworden. Und dabei haben die vier Düssels mitunter ein wenig genervt. So hat die Stadt den Flüsschen gezeigt, wo's langgeht – nämlich unter die Erde, in Tunnelröhren. So muss man die Rest-Düssel heute suchen. Die nördliche kann man im Zoopark sehr schön betrachten, die südliche wurde im Südpark renaturiert und mit Teichen versehen.

Aber was uns jetzt mal interessiert: Wo kommt die Düssel eigentlich her? Flüsse fangen ja irgendwo an, sie »entspringen«, und zwar an einer Quelle. Tja … auch das ist bei unserer Düssel ein bisschen schwierig, hat sie doch nicht eine Quelle, sondern gleich mehrere. Der höchstgelegenen hat man ein kleines Denkmal errichtet: »Düssel-Quelle« ist hier zu lesen, und aus einem in den Stein eingelassenen Kupferrohr quillt sie dann, wenn sie gerade mal quillt, unsere Düssel … Nun ja, das Erlebnis steht etwas hinter dem der Niagarafälle zurück, aber dennoch: Hier (und nur hier) kann das Düsselkind den Fluss durch seine Finger rinnen lassen.

Adresse Asbrucher Straße 92, 42489 Wülfrath // **ÖPNV** S 28, Haltestelle Mettmann-Stadtwald, von dort Bus 746 Richtung Velbert, Haltestelle Wülfrath Dieselstraße // ab 4 Jahre

TIPP: Die Düsselquelle liegt bei einem Bauernhof, auf dem man sich leckere heimische Äpfel kaufen kann.

111_DER ZEITTUNNEL

400 Millionen Jahre auf 160 Metern

Düster tut sich die Tunnelröhre vor uns auf. Was uns wohl drinnen erwartet? Noch zögerlich wagen wir die ersten Schritte … und stehen plötzlich im Devon, rund 400 Millionen Jahre vor unserer Zeit – wie cool ist das denn!

Der Zeittunnel Wülfrath bietet ein beeindruckendes Doppelerlebnis: Einerseits ist er, 160 Meter weit in den Berg getrieben, an sich schon ein Ort mit einer ganz besonderen Atmosphäre. Andererseits schreitet der Besucher hier durch die multimedial aufgepeppte Erdgeschichte, wobei die Ausstellungsmacher darauf geachtet haben, dass Kinder hier auf ihre Kosten kommen, nicht zuletzt dank der Dinos.

Der Bochumer Bruch ist faszinierend, und dieses Faszinosum beginnt schon beim Namen, liegt er doch nicht etwa in Bochum, sondern in Wülfrath, direkt vor Düsseldorfs Haustür. Das »Bochumer« rührt daher, dass er einstmals im Besitz des »Bochumer Vereins für Bergbau und Gussstahlfabrikation« war, das »Bruch« daher, dass man hier Kalkstein gebrochen hat, welcher zur Stahlherstellung benötigt wurde. Jener Kalkstein wiederum entstand, weil hier einst Ozean gewesen war, in welchem zahllose Korallen und sonstige Meeresbewohner lebten. Deren kalkhaltige Überreste haben den Stein gebildet.

Als nun im Bochumer Bruch das Brechen eingestellt wurde, blieb der Abbautunnel nutzlos in der Landschaft zurück – bis man die geniale Idee hatte, ihn zum »Zeittunnel« umzubauen. Nämlicher endet spektakulär: im Freien, an der Abbruchkante, von wo sich ein umwerfender Blick in die Tiefe bietet.

TIPP: Am Zeittunnel beginnt der Erlebnispfad, der zum Schlupkothen führt, einem anderen Steinbruch, der mit Wasser gefüllt ist. Die Aussicht von dort ist einfach grandios!

Adresse Hammerstein 5, 42489 Wülfrath, Tel. 02058/894644, www.zeittunnel-wuelfrath.de // **ÖPNV** S 28, Haltestelle Mettmann-Stadtwald, von dort Bus 746, Haltestelle Ellenbeek/Zeittunnel // **Öffnungszeiten** Beginn der Osterferien – Ende der Herbstferien Di – So 10 – 18 Uhr // ab 6 Jahre

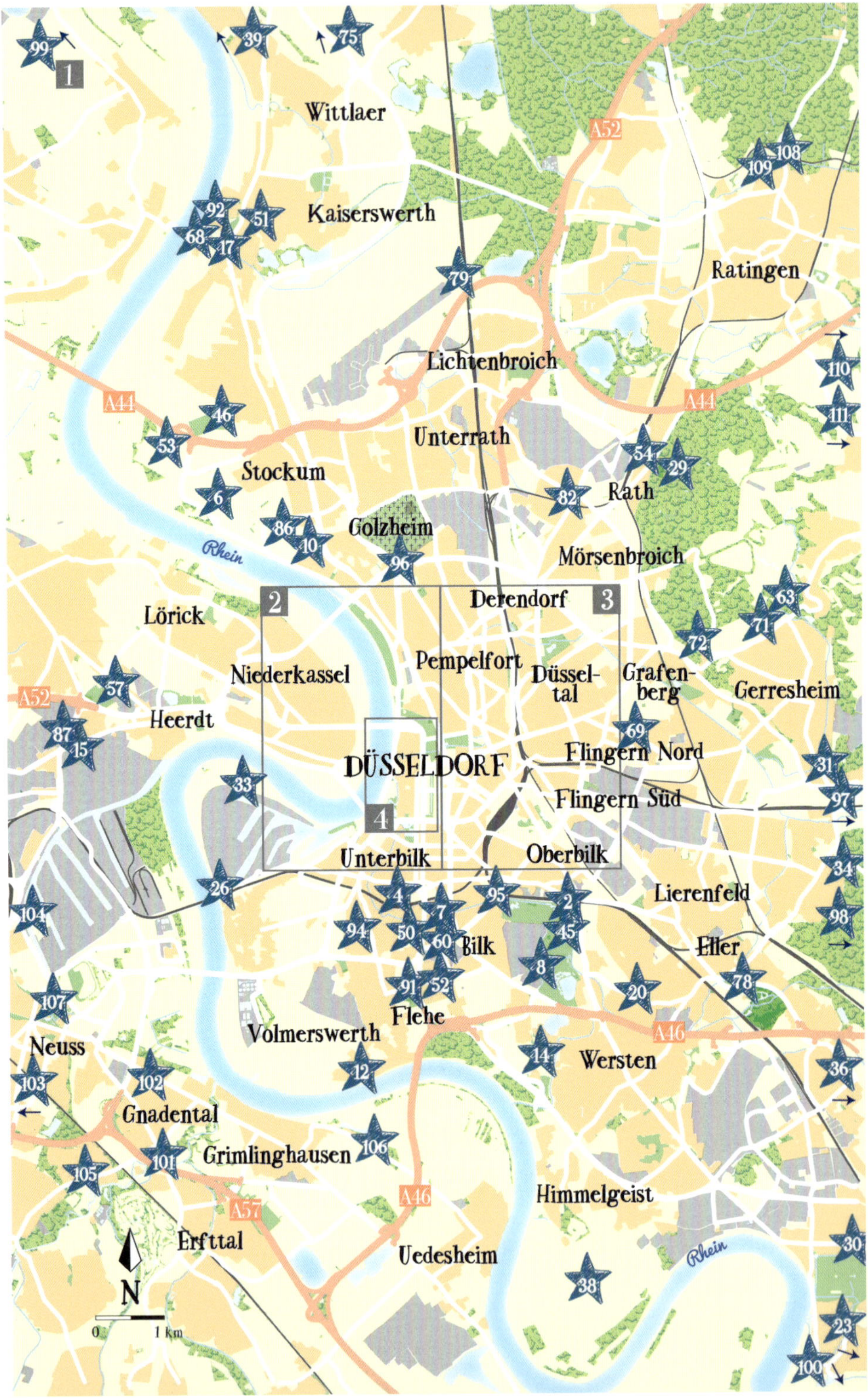
1
2
3
4
Wittlaer
Kaiserswerth
Ratingen
Lichtenbroich
Unterrath
Stockum
Rath
Golzheim
Mörsenbroich
Rhein
Derendorf
Lörick
Pempelfort
Niederkassel
Düssel-
tal
Grafen-
berg
Gerresheim
Heerdt
DÜSSELDORF
Flingern Nord
Flingern Süd
Unterbilk
Oberbilk
Lierenfeld
Bilk
Eller
Flehe
Volmerswerth
Neuss
Wersten
Gnadental
Grimlinghausen
Himmelgeist
Erfttal
Uedesheim
A52
A44
A46
A57
N
0
1 km
99
39
75
108
109
92
51
68
17
79
110
111
46
53
54
29
6
82
86
10
96
63
71
72
57
87
15
69
33
31
97
34
26
4
95
2
104
94
7
50
60
45
98
8
91
52
20
78
107
14
36
103
12
102
106
101
105
30
38
23
100

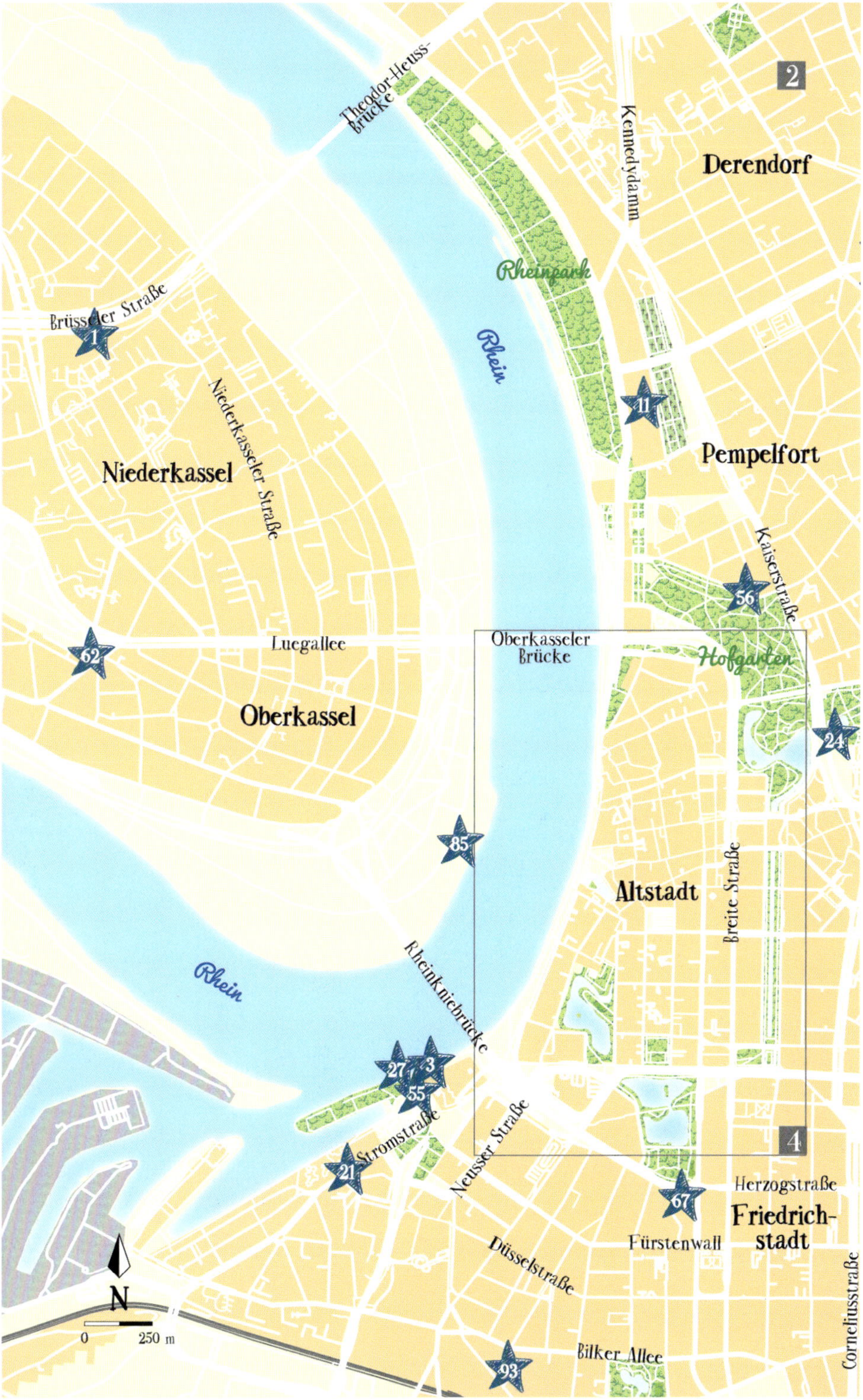

2
Theodor-Heuss-Brücke
Kennedydamm
Derendorf
Rheinpark
Rhein
Brüsseler Straße
1
Niederkasseler Straße
11
Niederkassel
Pempelfort
Kaiserstraße
56
62
Luegallee
Oberkasseler Brücke
Hofgarten
Oberkassel
24
85
Altstadt
Breite Straße
Rhein
Rheinkniebrücke
27
3
55
Stromstraße
Neusser Straße
4
21
Herzogstraße
67
Friedrich-stadt
Fürstenwall
Düsselstraße
N
0
250 m
Corneliusstraße
Bilker Allee
93

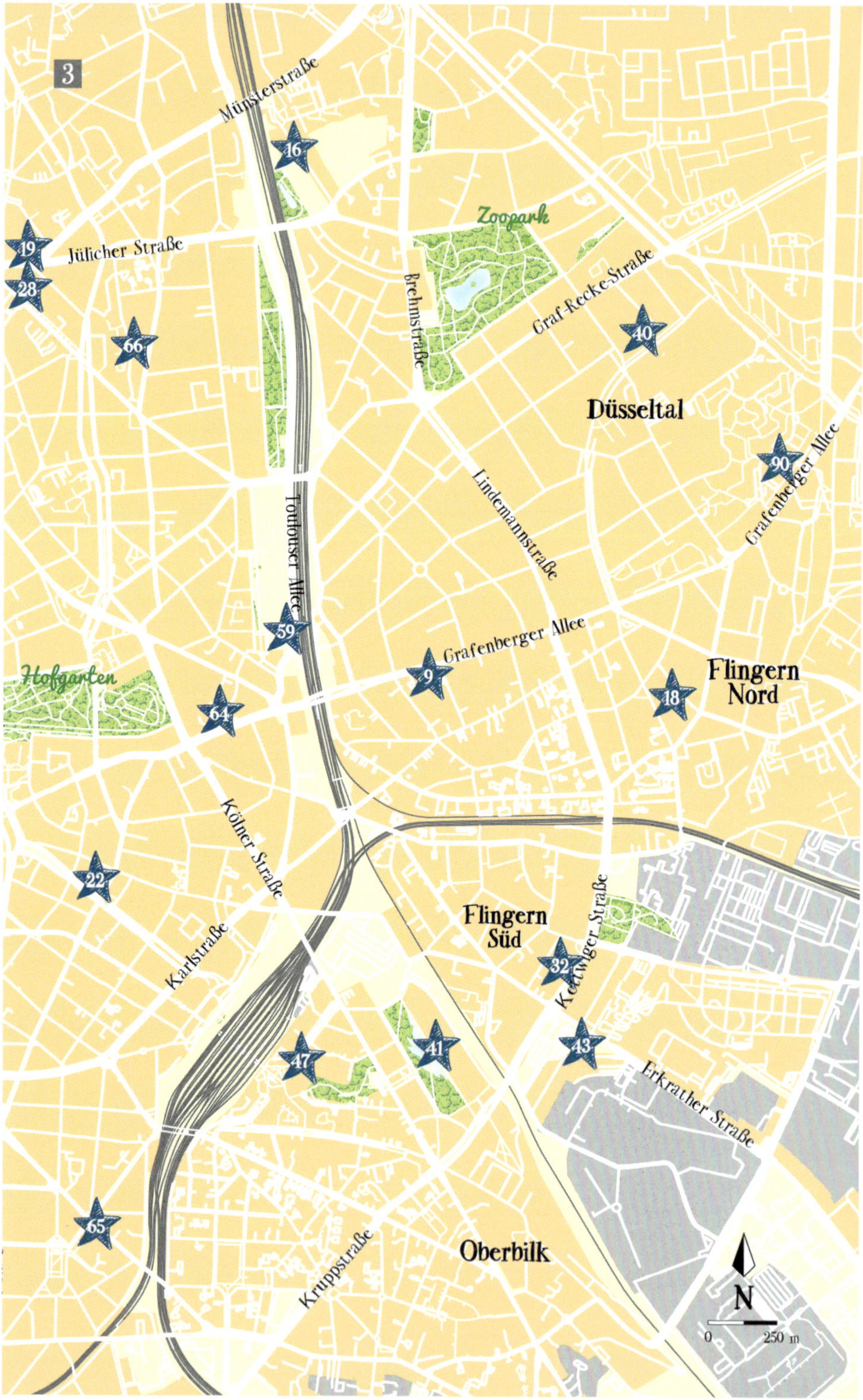
3
Münsterstraße
16
Zoopark
19
Jülicher Straße
28
66
Brehmstraße
Graf-Recke-Straße
40
Düsseltal
90
Grafenberger Allee
Lindemannstraße
Toulouser Allee
59
Grafenberger Allee
9
Flingern Nord
18
Hofgarten
64
Kölner Straße
22
Karlstraße
Flingern Süd
32
Kettwiger Straße
43
Erkrather Straße
47
41
65
Oberbilk
Kruppstraße
N
0
250 m

Oberkasseler Brücke
Hofgartenrampe
Hofgarten
4
Maximilian-Weyhe-Allee
Rhein
Ratinger Straße
Heinrich-Heine-Allee
Grabbeplatz
Burgplatz
Bolker Straße
Cornelius-platz
Marktplatz
Flinger Straße
Heinrich-Heine-Platz
Wallstraße
Rheinufertunnel
Benrather Straße
Breite Straße
Königsallee
Kasernenstraße
Poststraße
Berger Allee
Graf-Adolf-Platz
Haroldstraße
N
0
50 m
80
73
83
74
48
84
13
70
25
81
76
5
61
35
37
77
49
44
88
58
89
42

Sina Beerwald
111 Orte für Kinder auf Sylt, die man gesehen haben muss
ISBN 978-3-7408-0840-2

Katja Josteit
111 Orte für Kinder in Kiel, die man gesehen haben muss
ISBN 978-3-7408-0641-5

Alexandra Schlennstedt, Jost Schlennstedt
111 Orte für Kinder in und um Lübeck, die man gesehen haben muss
ISBN 978-3-7408-0845-7

Daniela Clément
111 Orte für Kinder in Hamburg, die man gesehen haben muss
ISBN 978-3-7408-0334-6

Isa Grütering, Natascha Korol, Theresia Koch
111 Orte für Kinder in Berlin, die man gesehen haben muss
ISBN 978-3-7408-0251-6

Janine Eck, Kristina Offermann
111 Orte für Kinder in Potsdam und Brandenburg, die man gesehen haben muss
ISBN 978-3-7408-0977-5

Cornelia Kuhnert,
Günter Krüger
111 Orte für Kinder in und um Hannover, die man gesehen haben muss
ISBN 978-3-7408-0333-9

Christina Bacher,
Norbert Breidenstein
111 Orte für Kinder in Köln, die man gesehen haben muss
ISBN 978-3-7408-0332-2

Julia Tzschätzsch
111 Orte für Kinder in Frankfurt, die man gesehen haben muss
ISBN 978-3-7408-0686-6

Charlotte Mohs
111 Orte für Kinder in Mainz, die man gesehen haben muss
ISBN 978-3-7408-0665-1

Franziska Lô
111 Orte für Kinder in und um Stuttgart, die man gesehen haben muss
ISBN 978-3-7408-0655-2

Anke Landleiter
111 Orte für Kinder in Nürnberg, die man gesehen haben muss
ISBN 978-3-7408-0852-5

Julia Schönborn
111 Orte für Kinder in Heidelberg, die man gesehen haben muss
ISBN 978-3-7408-0989-8

Florian Kinast
111 Orte für Kinder in München, die man gesehen haben muss
ISBN 978-3-7408-0431-2

Priska Lachmann
111 Orte für Kinder in Leipzig, die man gesehen haben muss
ISBN 978-3-7408-0654-5

Jenny Menzel
111 Orte für Kinder in Dresden, die man gesehen haben muss
ISBN 978-3-7408-0837-2

Bernadette Németh
111 Orte für Kinder in Wien, die man gesehen haben muss
ISBN 978-3-7408-0558-6

Simone Hausladen
111 Orte für Kinder in Zürich, die man gesehen haben muss
ISBN 978-3-7408-0988-1

Martin Berke lebt in Düsseldorf, wo er seine Zeit einerseits damit verbringt, Bücher zu schreiben, andererseits damit, das Leben an der Seite seiner beiden wundervollen Kinder zu genießen.

Nina Fandler hat die Düsseldorfer Kunstakademie als Meisterschülerin absolviert. Sie lebt und arbeitet als bildende Künstlerin in Düsseldorf. Ihre Kinder sind zufällig identisch mit jenen Martin Berkes.